Paul Rusch

Mensch-Roboter-Kollaboration in der industriellen Montage

Einsatzgebiete, Sicherheitsanforderungen und Wirtschaftlichkeit

Bibliografische Information der Deutschen Nationalbibliothek:

Die Deutsche Nationalbibliothek verzeichnet diese Publikation in der Deutschen Nationalbibliografie; detaillierte bibliografische Daten sind im Internet über http://dnb.d-nb.de abrufbar.

Impressum:

Copyright © Science Factory 2019

Ein Imprint der Open Publishing GmbH, München

Druck und Bindung: Books on Demand GmbH, Norderstedt, Germany

Covergestaltung: Open Publishing GmbH

II

Inhaltsverzeichnis

Zusammenfassung

Derzeit arbeiten die meisten Robotersysteme in abgesicherten Zellen. Hinter Schutzzäunen oder Lichtschranken führen sie dort ihre industriellen Arbeitstätigkeiten räumlich als auch zeitlich getrennt vom Menschen durch. Solche automatisierten Systeme sind durch hohe Ausbringungsmengen und einer hohen Produktivität charakterisiert. Bei der industriellen Montage, bei welcher oft kleinere Baugruppen mit geringen Gewichten assembliert werden, werden durch die hohe, vom Kunden geforderte Produktvielfalt diese starren Systeme oftmals unwirtschaftlich. Der Einsatz von manuellen Montageplätzen ist die Folge.

Durch die Entwicklung von sensitiven Leichtbaurobotern lässt sich eine skalierbare Automatisierung ermöglichen. In Zukunft werden industrielle Montageplätze vermehrt durch eine Mensch-Roboter-Kollaboration ersetzt werden. Bei der Mensch-Roboter-Kollaboration arbeiten sensitive Leichtbauroboter räumlich als auch zeitlich mit dem Menschen zusammen.

Bei der Umsetzung einer solchen Mensch-Roboter-Kollaboration sind sicherheitstechnische Aspekte zu berücksichtigen, um ein Verletzen des Menschen ausschließen zu können. Um die wirkenden Kräfte als auch die Drücke bei einer Kollision unter dem Maximalmaß halten zu können, wurden Grenzgeschwindigkeiten für bestimmte Körperregionen definiert. Diese Grenzgeschwindigkeiten schränkt den Leichtbauroboter bei der Mensch-Roboter-Kollaboration in seiner Handhabungsgeschwindigkeit ein, jedoch kann durch ein fähigkeitenorientiertes Verteilen der Montagetätigkeiten zwischen Mensch und Roboter ein ergonomischer und produktiver Arbeitsplatz geschaffen werden.

Neben den Grenzgeschwindigkeiten, welche für ein verletzungsfreies Zusammenarbeiten erforscht wurden, ist bei der Gestaltung eines kollaborativen Arbeitsplatzes zwischen Mensch und Roboter auf die Wohlfühlgeschwindigkeit des Menschen zu achten. Diese Geschwindigkeit beeinflusst den Kooperationsfaktor des Menschen und somit auch die Produktivität des Systems.

Die Mensch-Roboter-Kollaboration beeinflusst verschiedenste Bereiche der industriellen Montage. Die alleinige Betrachtung der Wirtschaftlichkeit bei der Implementierung solcher Systeme reicht meist nicht für eine qualifizierte Entscheidung, ob die Mensch-Roboter-Kollaboration eingesetzt werden soll, aus. Ein multidimensionales Beurteilungsverfahren ist zur Entscheidungsfindung deshalb als gute Lösung zu betrachten.

Executive Summary

Nowadays, most robotic systems are working in secure cells. Behind protective fences or light barriers, they carry out their industrial work activities spatially and temporally separated from humans. Such automated systems are characterized by high output rates and high productivity. In industrial assembly, which often assembles smaller components with low weights, these inflexible systems often become uneconomic due to the high product variety demanded by the customer. The use of manual assembly stations is the result.

The development of sensitive lightweight robots makes scalable automation possible. In the future, industrial assembling will increasingly be replaced by a human-robot-collaboration. In the human-robot-collaboration, sensitive lightweight robots work spatially as well as temporally with humans.

When implementing such a human-robot-collaboration, safety-related aspects must be taken into account in order to avoid human injuries. In order to be able to keep the acting forces as well as the pressures in a collision below the upper tolerance value, the speed limits for certain body regions have been defined. These speed perimeters limit the lightweight robot in human robot collaboration in its handling speed, however, by implementing an ability-oriented distribution of assembly activities between human and robot an ergonomic and productive workstation can be created.

In addition to the speed limits, which were researched for an injury-free cooperation, the design of a collaborative workplace between human and robot as well as the maximum possible working speed to ensure the well-being of a person must be taken into account. This speed influences the cooperation-factor of the person and also the productivity of the system.

The human-robot-collaboration influences various areas of industrial assembly. The sole consideration of economic strategies in order to choose whether or not to implement such systems is usually not sufficient for a qualified decision. A multi-dimensional assessment process is therefore a good solution to take an apt decision.

Abkürzungsverzeichnis

MRK   Mensch-Roboter-Kollaboration

Cobots   Kollaborativer Roboter

NWA   Nutzwertanalyse

HMD   Head-Mounted-Display

Abbildungsverzeichnis

Formelverzeichnis

Tabellenverzeichnis

Danksagung

An erster Stelle möchte ich meinem Betreuer FH-Prof. DI Dr. Herbert Jodlbauer danken, der mich richtungsweisend und mit viel Engagement während meiner Arbeit begleitet und durch konstruktive Kritik und motivierende Worte zum Gelingen dieser Bachelor-Arbeit beigetragen hat.

In diesem Zusammenhang gilt mein Dank auch meiner Studienkollegin und Freundin, Lisa Schimpelsberger, die mir durch anregende Diskussionen sowie fachlichen Input zur Seite stand.

Des Weiteren möchte ich mich herzlich bei Frau Daniela Hüttner bedanken. Dank ihr sind alle organisatorischen Belange reibungslos über die Bühne gegangen.

Ich möchte zudem meiner Schwester danken, durch die meine Arbeit lesbar wurde.

Ebenfalls danken möchte ich Herrn Ing. Christian Holzinger, der mir die tolle Möglichkeit bot, im Rahmen meines Berufspraktikums mich mit der Thematik der Mensch-Roboter-Kollaboration auseinanderzusetzen.

Ein großer Dank gebührt auch den Herrn Dr. Walter Wohlkinger, Herrn Dario Stojicic Msc. und Herrn David Halbauer, Msc., die mir mit ihrem Expertenwissen zur Seite gestanden sind.

Das größte und herzlichste „Dankeschön!" gilt jedoch meinen Eltern, die mir mein Studium ermöglichen und mir auch bei Fragen abseits des Studiums beistehen.

1 Einleitung

Die Automatisierung ist in der heutigen Welt nicht mehr wegzudenken und oftmals der Schlüssel um produzierende Betriebe in Hochlohnländern wettbewerbsfähig zu halten. Bei Montagesystemen ist die Automatisierungstechnik jedoch noch nicht übermäßig etabliert, wie eine schwedische Fallstudie zeigt. Diese Studie wertete mehr als zwanzig Fälle mit über zweitausend verschiedenen industriellen Aufgaben aus. Das Ergebnis, dass über Neunzig Prozent der Aufgaben von Personen, realisiert werden, zeigt, dass der Automatisierungsgrad in der industriellen Montage noch Spielraum nach oben hat (Fast-Berglund et al.,2016, 175).

Bei der Herstellung von Produkten mit einem hohen Maß an Montagekosten werden diese Produkte oftmals in Länder oder Regionen verlegt, die günstigere Lohnkosten aufweisen. Die Anforderungen an eine flexible Produktion steigen durch die hohe Variantenvielfalt und sinkenden Losgrößen an. Das Adoptieren der Produktion mit Hilfe von konventionellen Industrierobotern ist häufig nicht wirtschaftlich vertretbar (Matthias & Ding, 2013, 2).

Die Entscheidung der Automatisierung oder nicht Automatisierung hängt von verschiedenen Aspekten ab. Heilala & Voho (2000) sprechen bei der Entscheidung, wann oder wann nicht automatisiert werden soll, von Faktoren wie das Produktvolumen und die Produktvarianten.

Zwei weitere Aspekte warum der Automatisierungsgrad bei der industriellen Montage so gering ist, ist mit dem Return of Investments und der Hochlaufzeit zu erklären. Die Installation einer Roboterzelle ist mit einer Investition und Zeit verbunden. Bei Produkten mit kleinen Volumina wird der Zusammenbau vom Menschen gemacht. Steigt dann das Volumen der produzierten Produkte, wird der Mensch nicht sofort durch eine Roboterzelle ersetzt. Die Technologie der kollaborierenden Roboter wurde entwickelt, um direkte Interaktionen mit dessen Arbeitspartner durchführen zu können. Durch das Verschmelzen der Vorteile von Robotern und der Fähigkeiten des Menschen sind Vorteile in verschiedensten Anwendungsszenarien zu erwarten. Die dafür entwickelten, leichten Roboter, wie jene von KUKA oder Universalroboter, werden Cobots genannt. Cobot leitet sich aus den zwei englischen Wörtern collaboration und robot ab und bezeichnet einen kollaborativen Roboter (Kosuge & Hirata, 2004, 8ff).

Sich mit der Thematik der kollaborierenden Robotik auseinanderzusetzen, um mit dem erlangten Wissen langfristige Lösungsansetze für die industrielle Montage zu entwickeln, wird als wichtiger Bestandteil bei der Implementierung der kollaborierenden Roboter angesehen. Dies lässt sich darauf zurückführen, dass Lösungen mit kollaborierenden Robotern und deren Einsatz mit Bezug auf das Produkt, welches gefertigt oder assembliert wird, zu bewertet ist (Wiendahl et al, 2007, 783ff).

Um bei der Mensch-Roboter-Kollaboration erfolgreiche und akzeptable Lösungen erreichen zu können, kann in fünf Gestaltungsdimensionen unterteilt werden. Jeder dieser fünf Punkte findet sich in dieser Arbeit wieder. Unter diese fünf Gestaltungsdimensionen fallen die Wirtschaftlichkeit, die Sicherheit, die Ergonomie, Arbeitsinhalte und deren Organisation bei der MRK, als auch die Akzeptanz.

1.1 Problemstellung

Die kundenorientierte Produktion wirkt sich auf viele Bereiche eines Unternehmens aus, so auch auf die industrielle Montage. Der Einsatz von Leichtbaurobotern verspricht neue Möglichkeiten um eine wirtschaftliche und kundenorientierte Montage umzusetzen. Bei der Zusammenarbeit zwischen Mensch und Roboter tun sich folgende Fragen auf:

- Wie wirkt sich die Einführung einer Mensch-Roboter-Kollaboration auf industrielle Montageplätze aus?
- Welche Herausforderungen sind bei der Implementierung einer Mensch-Roboter-Kollaboration zu meistern
- Wie kann die Akzeptanz der Menschen deren Sicherheit bei einer Mensch-Roboter-Kollaboration gewährleistet werden?

1.2 Zielsetzung

In dieser Arbeit soll die Frage geklärt werden, welche Auswirkungen die Mensch-Roboter-Kollaboration auf die industrielle Montage hat. Unter dem Begriff der industriellen Montage werden in dieser Arbeit Tätigkeiten verstanden, die im Rahmen der Produktion zum planmäßigen Zusammenbau von Bauteilen oder Baugruppen anfallen. Es handelt sich hierbei um Arbeitstätigkeiten, bei welchen Teile bis etwa 15 Kilogramm bewegt werden. Neben der Frage, wann eine Mensch-Roboter-Kollaboration wirtschaftlich ist, sollen die Herausforderungen bei der Implementierung erläutert werden. Hierbei werden Thematiken wie die Akzeptanz der Mitarbeiterinnen und Mitarbeiter und die Ergonomie beleuchtet. Des Weiteren stellt sich die Frage, wie die Sicherheit des Menschen beim Einsatz der Mensch-Roboter-Kollaboration in der industriellen Montage erreicht werden kann. Das Ziel der Arbeit ist es, die Vorteile und Nachteile der Interaktionspartner Mensch und Roboter herauszuarbeiten und unter der Berücksichtigung von sicherheitstechnischen Anforderungen, wirtschaftlicher Eignung und der Eigenheiten des Menschen, Einsatzgebiete der Mensch-Roboter-Kollaboration zu detektieren.

1.3 Aufbau und Struktur

Beim Aufbau dieser Arbeit werden zur Erreichung der Zielsetzung zuerst die zwei Hauptthemen –Leichtbauroboter und industrielle Montage- beleuchtet. In dem Kapitel der Leichtbauroboter wird vorerst die Frage geklärt, worum es sich bei einem Leichtbauroboter handelt und welche Eigenschaften ihn charakterisieren. Nach dieser generellen Einleitung folgt ein Überblick über die derzeitig am Markt verfügbaren Roboter. Nach der Vorstellung der Leichtbauroboter und ihrer Spezifikationen werden ihre Charakteristiken zum einfacherem Vergleich in einer Tabelle zusammengeführt.

Anschließend wird die hybride Montage beschrieben. Diese ist der Einsatzort der Leichtbauroboter, in welcher er in Unterschiedlicher vorm eingesetzt werden kann. Diese Arbeit geht auf die möglichen Szenarien für die Zusammenarbeit zwischen Mensch und Roboter ein und beschreibt, wie mit den beschriebenen Möglichkeiten eine hybride Montage entstehen kann. Danach werden die verschiedenen Arten der Schnittstellen zwischen Mensch und Roboter erläutert. In diesem Kapitel wird darauf eingegangen, welche Systeme derzeit verwendet werden und welche in Zukunft eingesetzt werden. Es wird zusätzlich auf die Vor- als auch Nachteile dieser Systeme für den Einsatz in der industriellen Montage eingegangen.

Nach dem Kapitel hybride Montage werden die Anforderungen an den Arbeitsplatz bei der Verwendung von MRK- Systemen beschrieben. Es wird anhand eines erstellten Fähigkeitenprofils von Mensch und Roboter die jeweiligen Vor- und Nachteile gegenübergestellt. Im Anschluss werden die Grenzen von Robotersystemen dargestellt und auf die Anwendungsgebiete der MRK eingegangen. Abgeschlossen wird das Kapitel mit den vier Schutzprinzipien, welche beim Einsatz von MRK zum Einsatz kommen können.

Um die MRK in der industriellen Montage verwenden zu könne ist die Sicherheit des Menschen zu gewährleisten. In dem Kapitel Sicherheit werden deshalb zuerst die Sicherheitsanforderungen beschrieben und anschließend die Kollisionsarten, die bei einer Mensch-Roboter-Kollaboration auftreten können. Es wird zusätzlich beschrieben wie das Risiko einer Verletzung bei einer Kollision zwischen Mensch und Roboter vermindert werden kann. In der industriellen Montage werden verschiedenste Tätigkeiten mit unterschiedlichsten Bauteilen durchgeführt. Um bei Kollisionen mit dem Roboter oder Bauteilen keine Verletzungen davon zu tragen werden bei den biomechanischen Belastungsgrenzen Geschwindigkeitsgrenzen in Abhängigkeit von der effektiven Masse definiert.

Das anschließende Kapitel beschäftigt sich mit der Wirtschaftlichkeit von MRK-Systemen. In diesem Kapitel wird der Einsatzort der Leichtbauroboter anhand der Stückkosten abgehandelt. Es wird zusätzlich der Nutzen der Mensch-Roboter-Kollaboration anhand der Montageeffizienz beschrieben.

Im darauffolgenden Abschnitt wird auf die Qualität beim Einsatz der MRK in der industriellen Montage eingegangen. Da der Mensch bei einer MRK Applikation im Mittelpunkt stehen sollte werden die Themen –Ergonomie und Akzeptanz- in dieser Arbeit im Zusammenhang mit der industriellen Montage erläutert.

Um aktuellstes Expertenwissen in diese Arbeit einfließen lassen zu können bediente sich diese Arbeit neben facheinschlägiger Literatur auch Experteninterviews. Die vorgehensweiße wird im Kapitel der Empirie eingegangen.

Zum Abschluss folgt eine Nutzwertanalyse wie ein Fazit zum Thema Mensch-Roboter-Kollaboration in der industriellen Montage.

1.4 Methodische Vorgehensweise

Die Vorgehensweise bei der Ausarbeitung der Fragestellung bediente sich einerseits methodisch einer intensiven Literaturrecherche und andererseits einer empirischen Herangehensweise in Form eines Expertengesprächs. Am Anfang dieser Arbeit wurde eine Problemstellung als auch Zielsetzung erarbeitet. Darauf folgte eine Literaturrecherche, welche sich in mehrere Teile untergliedert. Zuerst wurde Literatur gesucht, danach ausgewertet und anschließend analysiert.

Der erste Überblick über die Thematik der Mensch-Roboter-Kollaboration und deren Einsatz in der industriellen Montage wurde mittels Internetrecherche gewonnen. Die Internetrecherche wurde mit deutschen als auch englischen Begriffen durchgeführt. Bei der Suche nach Literatur wurden folgende Quellen herangezogen: Bibliotheken der FH Oberösterreich, Google Scholar, Hanser E-Books, IEEE, ScienceDirect College Edition, Springer E-Books und Springer Professional. Augenmerk bei der Beschaffung von Literatur lag neben ihrer Eignung für die auszuarbeitende Problemstellung auf der Aktualität der Literatur. Bei der Suche wurden folgende Schlagwörter verwendet: hybride Montage, industrielle Montage, Mensch-Roboter-Kollaboration, MRK, Mensch-Maschine-Kollaboration, und Leichtbauroboter.

Als Hauptquelle dieser Arbeit dienten Autoren wie Herbert Jodlbauer, Krüger et al., und Matthias & Ding. Für die Ausarbeitung der Sicherheitsanforderungen wurde zu großen Teilen auf die geltenden Normen ISO TS 15066 zurückgegriffen.

2 Leichtbauroboter

Leichtbauroboter sind entwickelt worden, um mit dem Menschen in einem gemischten Einsatzort agieren zu können. Die dadurch entstandenen Möglichkeiten verlangen neue Anforderungen an die Robotik. Um unter gewissen Voraussetzungen mit dem Menschen kollaborieren zu können, sind Leichtbauroboter so konzipiert, dass sie konstruktiv als auch durch ihre sicherheitstechnischen Einrichtungen, eine Verletzungsgefahr bei der Kollision zwischen Roboter und Menschen verhindern. Leichtbauroboter sind dadurch gekennzeichnet, dass ein Betreiben des Roboters ohne trennende Schutzeinrichtung vollzogen werden kann. Dies ist der Ansatz der Mensch-Roboter-Kollaboration (kurz: MRK), um eine neue Weise von skalierbarer Automatisierung zu schaffen. Mit der MRK soll ein wirtschaftliches und flexibles Arbeiten ermöglicht werden (Matthias, Ding, 2013, 2).

Bei der Entwickelung von Leichtbauroboter ist auf das Tätigkeitsfeld der Robotik zu achten. Somit ergibt sich meist eine geringe Eigenmasse, verglichen mit konventionellen Industrierobotern. Eine genaue Definition der Leichtroboter gibt es bis dato noch nicht, jedoch wird bei den Modellen am Markt eine Eigenmasse von bis zu 15kg festgestellt, was auch in der einschlägigen Forschungsliteratur so beschrieben ist. Dies begründet sich dadurch, dass somit die potenzielle Kollisionsmasse der Roboter klein gehalten wird. Leichtbauroboter werden nicht nur durch die geringe Eigenmasse, sondern durch das Verhältnis von Traglast zu Eigengewicht charakterisiert. Das Verhältnis zwischen Traglast und Eigengewicht beträgt bei Cobots von KUKA etwa 1 : 2. Ein vergleichbarer Industrieroboter von ABB wie dem IRB 1200-5/0.9 weist ein Verhältnis von 1 : 10 auf.

Um Verletzungen und Schäden vermeiden zu können, sind Leichtbauroboter des Weiteren so konstruiert, dass sie mit Rundungen versehen wurden oder gegebenen Falls mit einer polsternden Schutzhülle umzogen sind. Bei Leichtbaurobotern wird neben der geringen Eigenmasse auch das Bauteilgewicht geringgehalten. Bei den Maximaltraglasten wird bei Leichtbaurobotern, bis auf wenige Ausnahmen, ein Gewicht von unter 15kg genannt (Weber, 2017, 3).

Des Weiteren werden Leichtbauroboter auch durch ihre Fahrgeschwindigkeit gekennzeichnet. Bei kooperierender Robotik ist die Geschwindigkeit, verglichen zu Industrierobotern mit Fahrgeschwindigkeiten von bis zu 10 m/s, sehr gering. Bei Leichtbaurobotern wird die Geschwindigkeit auf 250 mm/s bis 750 mm/s gedrosselt. Dies entspricht in etwas Geschwindigkeiten, die der menschlichen Hand gleichwertig sind (o.V., 2016, 20).

Ein geringes Eigengewicht ist, wie im Kapitel *Bei einer* möglichen Kollision zwischen Mensch und Roboter darf laut ISO/TS 15066; 2016 weder der Grenzwert für die auftretende Kraft, noch die des Drucks überschritten werden. Daraus ergibt sich, dass bei kleineren Flächen der Druck und im Umkehrschluss bei größeren kollidierenden Flächen die aufgebrachte Kraft von Relevanz sein wird. Die Norm ISO/TS 15066 beschreibt passive und aktive Maßnahmen zur Minderung des Risikos. Bei den passiven Maßnahmen wird von der Abrundung von Kanten und Ecken, nachgiebigen als auch glatten Oberflächen gesprochen. Ebenso gibt die Norm an, dass durch die Polsterung beziehungsweise durch Abfedern mittels verformbarer Komponenten, die Energieübertragungszeit verlängert werden kann und Stoßkräfte dadurch verringert werden. Die zulässigen Grenzwerte werden im folgenden Kapitel erläutert.

Biomechanische Belastungsgrenzen erläutert, einer der Schlüssel für den Einsatz von Leichtbaurobotern. Um Roboter mit dem Menschen kollaborieren lassen zu können, handelt es sich bei Leichtbaurobotern um sensitive Roboter. Sensitivität besitzen die Roboter im Sinne einer Momentenbegrenzung. Die Momentenbegrenzung wird benötigt um die von der Norm vorgeschriebenen Kräfte und Drücke nicht zu überschreiten und somit im Falle eines Zusammenstoßes zwischen Mensch und Roboter eine Verletzung zu vermeiden.

Mit dem Einsatz von Leichtbaurobotern ergeben sich neue Möglichkeiten in der industriellen Montage. Diese Roboter setzen den Grundstein für eine Mensch-Roboter-Kollaboration und ermöglichen neue Produktionsprozesse. Durch das engere Zusammenrücken von Mensch und Roboter können die Vorteile des Menschen und des Roboters zusammengeführt werden und somit neue Aufgabenbereiche abgedeckt werden. Auf die Vor- und Nachteile der beiden Interaktionspartner wird im Kapitel *Anforderungen an den Arbeitsplatz* eingegangen. Die Mensch-Roboter-Kollaboration eröffnet eine neue Ära der hybriden Montagesysteme (siehe: Hybride Montage). Die angeführten kollaborativen Roboter zeichnen sich durch verschiedenste technische Spezifikationen und Einsatzmöglichkeiten aus. In der Zusammenfassung des Kapitels werden die angeführten Leichtbauroboter miteinander verglichen.

2.1 KUKA

Der LBR iiwa von KUKA ist ein sensitiver Leichtbauroboter, welcher für die Kollaboration zwischen Mensch und Roboter entwickelt wurde. Der Name steht für „Leichtbauroboter, industrial work assistant". Der Roboter ist der erste von KUKA in Serie produzierte Leichtbauroboter und ist in zwei unterschiedlichen Varianten am Markt erhältlich: erstens, den Kuka iiwa 7 R800 und zweitens, den KUKA iiwa 14 R820. Bei ersterem handelt es sich um ein Modell mit einer maximalen Traglast von 7kg und einer maximalen Reichweite von 800mm, sowie um einen Roboter mit einer maximalen Traglast von 14kg und einer maximalen Reichweite von 820mm. Beide Modelle arbeiten mit geringen Störkonturen, da diese mit sieben Achsen versehen sind. Um den Roboter kollaborationsfähig zu gestalten, hat KUKA den LBR iiwa mit integrierter Momentensensorik versehen. Durch diese wird eine Kraft- und Positionsüberprüfung ermöglicht, was des Weiteren zur Positionierung von Bauteilen angewandt werden kann. Bei einer Kollision reduziert der LBR iiwa sofort die Kraft so wie die Geschwindigkeit. Die Programmierung kann neben schriftlicher Form auch durch Simulation geschehen. Dadurch können Koordinatenpunkte der Roboterbahn auch durch Personen ohne Kenntnisse von Programmiersprachen eingelernt werden (KUKA, 2018).

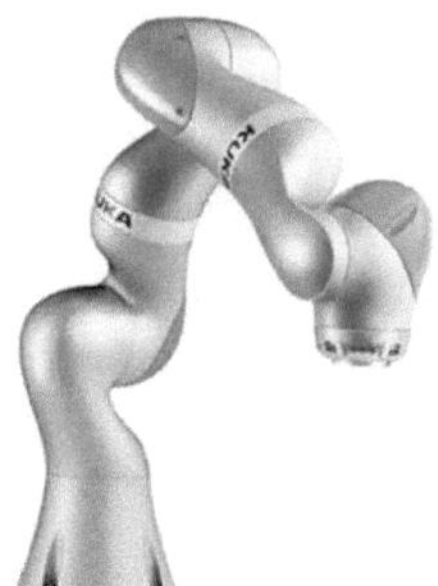

Abbildung 1: LBR iiwa, KUKA

2.2 ABB

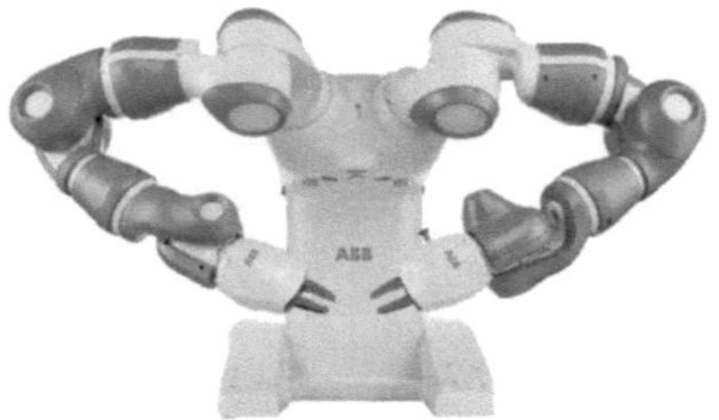

Abbildung 2: YuMi, ABB

Der ABB YuMi ist ein Zweiarmroboter mit Greifmanipulatoren und Kraftkontrollsensorik, wodurch eine Mensch-Roboter-Zusammenarbeit ohne weitere Schutzeinrichtungen möglich wird. Der YuMi ist mit einer Schutzhülle überzogen, welche dafür sorgt, dass im Falle einer Kollision, zwischen Mensch und Roboter, die auftretenden Kräfte absorbiert werden. Kommt der Roboter wegen einer Kollision zum Stillstand, kann seine Bewegung durch das Drücken der Playtaste fortgesetzt werden. Bei Bedarf kann der YuMI jedoch mit weiteren Schutzmaßnahmen ausgestattet werden. Beide Roboterarme sind mit integrierten Kameras versehen. Bei dem Design wurde darauf geachtet, dass der YuMI einem menschlichen Aufbau ähnelt und potentielle Gefahrenstellen, wo es zu Quetschungen und Klemmungen kommen kann, eliminiert werden. Der kollaborative Leichtbauroboter von ABB ist mit einer maximalen Traglast von einem halben Kilogramm und einer Reichweite von 500mm im unteren Bereich in diesem Vergleich, glänzt jedoch mit einer hohen Wiederholgenauigkeit von +/- 0,02mm (ABB YuMi, 2018).

2.3 UR

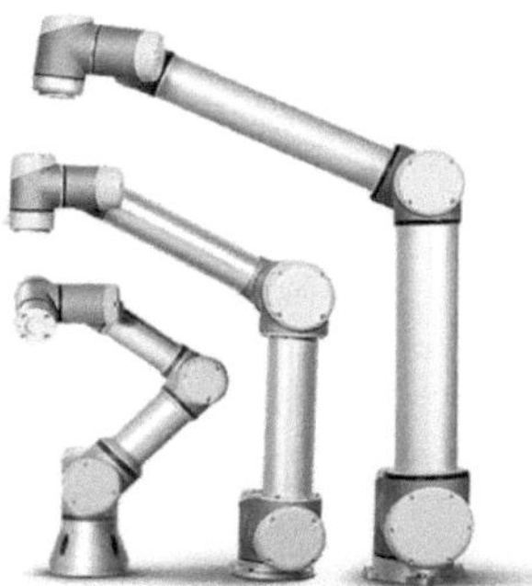

Abbildung 3:UR3, UR5, UR7, Universal Robots

Universal Robots hat mit dem UR3, UR5 und UR10 drei kollaborative Roboter auf den Markt gebracht. Jeder der drei Roboter ist mit sechs Achsen ausgestattet und für flexible Einsatzgebiete entwickelt worden. Die Roboter haben eine maximale Tragkraft von drei, fünf und zehn Kilogramm. Das Erlernen des Programmierens des Roboters erfolgt über einen Onlinekurs. Nach Angaben der Firma EngRoTec und Welser Profile, welche derzeit einen Roboter von Universal Robots im Einsatz haben, dauert das Erlernen der Programmiersprache ca. drei Stunden. Neben den Vorzügen des schnell wechselbaren Einsatzortes und der schnell erlernbaren Programmierung, haben die Roboter trotz ihrer Größe und ihr Gewicht eine hohe Reichweite. Als Nachteil bei den Modellen von Universal Robots ist neben der geringeren Arbeitsgeschwindigkeit als der KUKA LBR iiwa, die geringe Sensorikausstattung in der Grundversion zu nennen (Universal Robots, 2018).

2.4 SWAYER

Der von rethink robotics entwickelte Roboter hat eine integrierte Kraftsteuerung sowie ein eingebautes Kamerasystem. Durch seine hohe maximale Reichweite von 1260mm und den hohen Freiheitsgrad durch seine sieben Achsen eignet er sich für Handlings- als auch Inspektionsaufgaben. Ebenso wie bei dem Roboter YuMi wurde versucht, die Akzeptanz durch ein Beifügen eines humanen Charakters zu erhöhen. Anders als bei YuMi wird dies nicht durch den Nachbau des menschlichen Oberkörpers, sondern durch einen Touchscreen realisiert. Je nach Tätigkeit des Roboters ändert dieser die dargestellte Mimik auf dem Bildschirm. Zusätzlich wird der Bildschirm als Eingabemöglichkeit als auch Anzeige von relevanten Daten verwendet (rethink robotics, 2018).

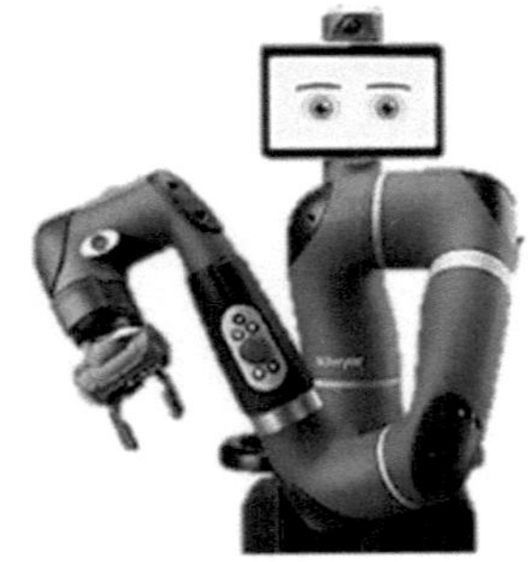

Abbildung 4:Swayer, rethink robotics

2.5 Franka Emika Panda

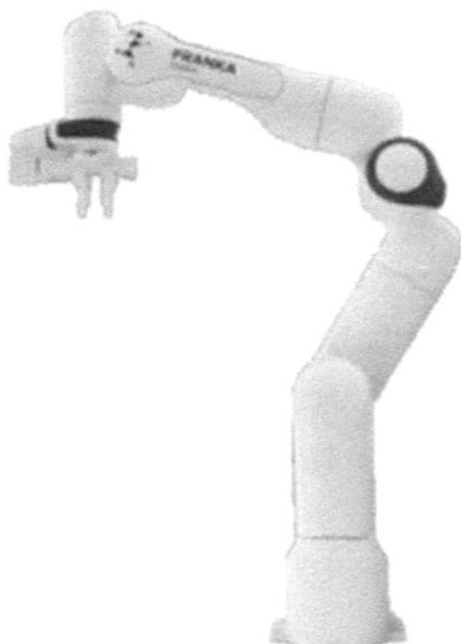

Abbildung 5: Franka Emika Panda

Der Franka Emika Panda ist mit einem Preis von unter 10.000€ eine der preiswertesten Varianten eines kollaborativen Roboters. Der Roboterarm ist von der Beweglichkeit, Geschicklichkeit und Empfindlichkeit vom menschlichen Arm inspiriert. Der Roboter ist einer der leichtesten Leichtbauroboter und durch die verbaute Sensorik ist es ihm möglich innerhalb von Millisekunden zu reagieren. Die Tragkraft ist mit drei Kilogramm in diesem Vergleich eher als gering einzustufen. Die Steuereinheit des Franke Emika Pandas kann in Server-Racks installiert oder an einem anderen Ort platziert werden. Es ist die Verbindung zu einer Cloud oder zu einem lokalen Shopfloor-Netzwerk möglich. Der Franka Emika Panda Roboter ist mit einer Benutzeroberfläche direkt am Roboter ausgestattet. Die Anzahl der Finger des Manipulators ist variabel, um somit verschiedenste Objekte greifen zu können (Franka, 2018).

2.6 Fanuc CR-35iA

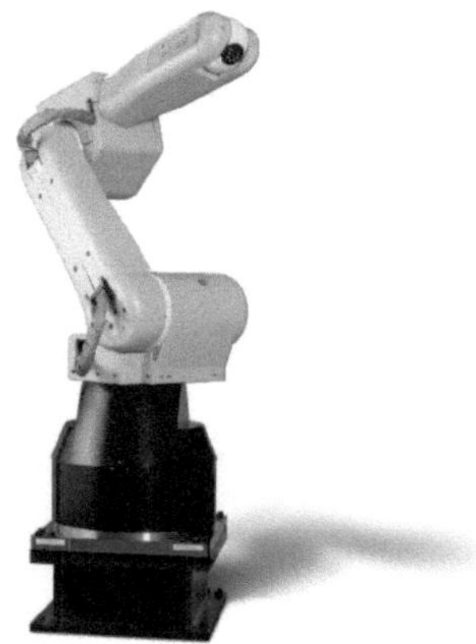

Abbildung 6: Fanuc CR35iA; Fanuc

Der Fanuc CR-35iA ist mit einer Traglast von 35kg der zurzeit stärkste kollaborative Roboter am Markt. Neben der hohen Traglast verfügt er mit einer maximalen Reichweite von 1813mm über einen großen Manipulationsraum. Durch die genannten Eigenschaften ergibt sich auch das Anwendungsgebiet des Roboters. Er wurde entwickelt, um beim Heben von Lasten zu unterstützen. Der Roboter stoppt erst bei einer Kollision, was eine geringe Arbeitsgeschwindigkeit zur Bedingung macht. Der Fanuc CR 35iA ist mit Kraftmesssensoren und einer gepolsterten Außenhaut versehen. Er lässt sich mit der Hand führen und bei Bedarf zur Seite drücken (Fanuc, 2018).

2.7 Bosch APAS

APAS assistant wurde von Bosch entwickelt, um den Menschen bei monotonen und ergonomisch ungünstigen Aufgaben zu unterstützen, ohne dabei die arbeitende Person einzuschränken. Dieser Fokus spiegelt sich in der gewählten Sicherheitseinrichtung wider. Der Roboter ist mit einer gepolsterten Schutzhaut überzogen und stoppt bei einer Annäherung des Menschen, bevor es zu einer Kollision kommt. Der APAS assistant ist mit einer Fernbereichsüberwachung ausstattbar, durch welche der Roboter seine Arbeitsgeschwindigkeit, je nachdem ob ein Mensch anwesend ist oder nicht, anpasst. Somit erreicht der APAS assistant eine Bahngeschwindigkeit von 2,3m/s, statt der standardmäßigen 0,5m/s in Normalbetrieb. Der Roboter ist außerdem als Komplettsystem auf einer mobilen Einheit erhältlich, was den Einsatzbereich des kollaborativen Roboters erhöht. Die maximale Traglast beträgt sieben Kilogramm und der Greifer ist mit drei sensitiven Fingern bestückt. Je nach Anwendungsfall können auch andere Manipulatoren zum Einsatz gebracht werden (Bosch, 2018).

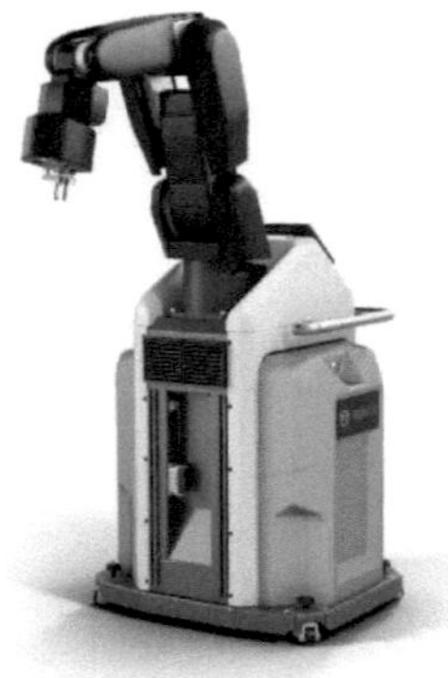

Abbildung 7: APAS, Bosch

2.8 Stäubli TX2

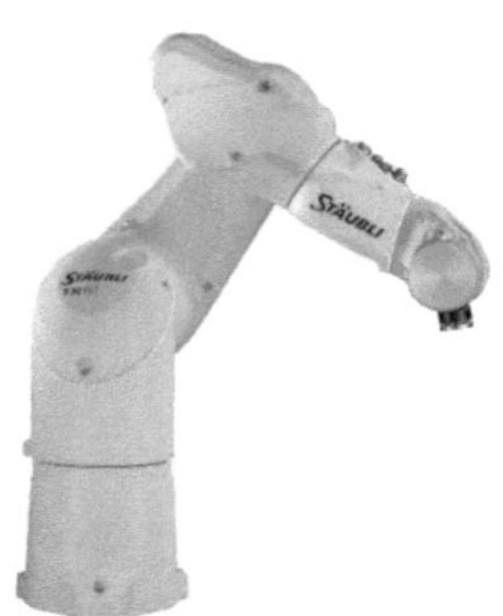

Abbildung 8: Stäubli TX2, Stäubli

Stäubli hat mit der TX2- Baureihe sechs kollaborative Roboter mit einer maximalen Tragkraft von 2,3kg bis 20kg. Sie sind mit eine sicheren Drehwinkelgeber ausgestattet. Dabei handelt es sich um Sensor zur Drehwinkelmessung. Es können Sicherheitszonen eingerichtet werden, die beim Betreten des Arbeitsraumes durch den Menschen aktiv geschaltet werden. In diesem Fall dringt der Roboter in diesen definierten Raum nicht ein. Der Roboter verfügt somit über die Möglichkeit von sicherheitsgerichteten Stopps und/oder einer Geschwindigkeits- und Abstandsüberwachung (Stäubli, 2018). Da die TX2-Baureihe von Stäubli keine Sensorik zur Momentenbegrenzung verbaut hat, wird sie in dieser Arbeit nicht mit den anderen Leichtbaurobotern verglichen.

2.9 Yaskawa human-collaborative robot (HC10)

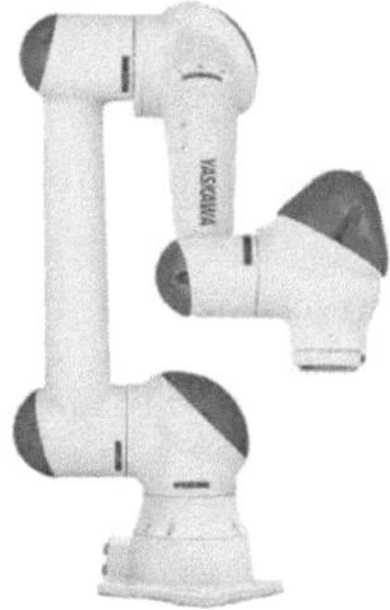

Abbildung 9: Yaskawa HC10, Yaskawa

Mit dem HC10 bringt der derzeitige Weltmarktführer für Industrieroboter einen kollaborativen Roboter auf den Markt. Der HC10 von Yaskawa steht für „Human Collaborative 10", wobei 10 für die maximale Tragkraft des Leichtbauroboters von 10kg steht. Der Roboter verfügt über sechs gesteuerte Achsen und einem vergleichsweise großen maximalen Arbeitsbereich von 1200mm. Yaskawa hat mit dem HC10 einen unterstützenden Leichtbauroboter entwickelt, der mit dem Menschen auf engstem Raum zusammenarbeiten kann. Bei der Konstruktion des Leichtbauroboters wurde der Abstand zwischen den beweglichen Teilen so gewählt, dass ein Einklemmen und Quetschen kaum möglich ist (Yaskawa, 2018).

2.10 Zusammenfassung

Die angeführten Roboter spiegeln den derzeitigen Stand der Technik wider. Im Rahmen dieser Arbeit werden diese auf Basis ihrer Spezifikationen miteinander verglichen. Die gewählten Betrachtungspunkte wurden herangezogen, um einen Überblick über die Möglichkeiten und somit auch deren Einsatzgebiete zu schaffen. Die Wiederholgenauigkeit als auch die Achsenanzahl, die den Freiheitgrad des Roboters bestimmt, werden hierfür in die Kategorie Qualität eingeordnet. Die maximale Geschwindigkeit ist der Effizienz zugeordnet und die Nenntraglast als auch die maximale Reichweite sind der Ergonomie zugeteilt. Unter dem Betrachtungspunkt der Sicherheit fallen das Performancelevel und die Kategorie. Die darauffolgenden Montagemöglichkeiten werden als eigene Position geführt, da diese nur einen geringen Einfluss auf die Anwendungsmöglichkeiten haben. Dies begründet sich durch die Normenlage, da diese verschiedene Kollisionsmöglichkeiten unterscheidet und eine Kollision unter bestimmten Umständen oder mit bestimmten menschlichen Regionen untersagt. Der am Ende angeführte Punkt der Tabelle ist der Preis der Roboter, welcher als Richtwert zu sehen ist.

	Wiederholgenauigkeit [mm]	Achsenanzahl	maximale Reichweite [mm]	maximale Nenntraglast [kg]	maximale Geschwindigkeit [m/s]	Performacelevel	Kategorie	Montageart Boden	Montageart Decke	Montageart Wand	Preis
UR3	0,1	6	500	3	0,25	d	2	ja	ja	ja	€ 17.000,00
UR5	0,1	6	850	5	1	d	2	ja	ja	ja	€ 22.000,00
UR10	0,1	6	1300	10	1	d	2	ja	ja	ja	€ 30.000,00
KUKA iiwa 7R800	0,1	7	800	7	0,25	d	3	ja	ja	ja	€ 53.000,00
KUKA iiwa 14R820	0,15	7	820	14	0,25	d	3	ja	ja	ja	€ 60.000,00
ABB YuMi	0,02	7	559	0,5	1,5	d	B	ja	nein	nein	€ 40.000,00
Rethink Robotics Sawyer	0,1	7	1260	4	1,5	d	3	ja	nein	nein	€ 32.000,00
Franka Emika Panda	0,1	7	855	3	0,25	d	3	ja	nein	nein	€ 10.000,00
Fanuc CR-4iA	0,02	6	550	4	0,25	d	3	ja	ja	ja	€ 39.000,00
Fanuc CR-7iA	0,03	6	717	7	0,75	d	3	ja	ja	ja	€ 41.000,00
Fanuc CR-7iA/L	0,03	6	911	7	0,75	d	3	ja	ja	ja	€ 41.000,00
Fanuc CR-35iA	0,08	6	1813	35	0,75	d	3	ja	nein	nein	€ 75.000,00
APAS (Fanuc LR Mate 200 iD/7L)	0,03	6	911	7	2,3	d	3	ja	nein	nein	€ 90.000,00
Ysakawa HC 10	0,1	6	1200	10	0,25	d	3	ja	nein	nein	€ 55.000,00

Tabelle 1: Zusammenfassung der Leichtbauroboter, eigene Darstellung

3 Hybride Montage

Hybride Montagesysteme werden zur Montage von Produkten und Baugruppen errichtet. Bei hybriden Montagesystemen handelt es sich um eine Kombination von Handarbeitsplätzen und automatisierten Arbeitsstationen. So wie in der unten angeführten schematischen Darstellung (siehe Abbildung 10) liegen diese Systeme auch bei den Betrachtungspunkten Variantenvielfalt, Stückzahl, Flexibilität und Produktivität zwischen einem manuellen Arbeitsplatz und einer automatisierten Arbeitsstation. Unter der Flexibilität wird hierbei die Anpassungsfähigkeit des Systems verstanden. Bei der Variantenvielfallt ist die Vielfalt der auf der Montage zu montierenden Produkte zu verstehen. Die Produktivität ist das Verhältnis zwischen der produzierten Menge und den dafür eingesetzten Produktionsmitteln, welches sich in der unten angeführten Darstellung (Abbildung 10) auf den Menschen bezieht. Bei der Stückzahl wird die Anzahl an Stücken verstanden, die in einer definierten Zeit zu produzieren sind. Unter der Betrachtung der Wirtschaftlichkeit werden hybride Montagesysteme oftmals zum Fügen von Kleinteilen und Kleingerätschaften mit mittleren Stückzahlen angewendet. Durch die MRK bekommt das Hybride Montagesystem einen neuen Stellenwert. Die Zusammenarbeit von Mensch und Roboter führt dazu, dass der hybride Arbeitsplatz unter Berücksichtigung von Sicherheitsaspekten der Mensch-Roboter-Kollaboration ausgelegt wird und andere Arbeitsinhalte bei hybriden Montagesystemen umgesetzt werden können. Ein weiterer wichtiger Entscheidungsfaktor ist die Komplexität des Vorganges. Hybride Montagesysteme, auch Mischmontagesysteme genannt, gewinnen wegen kürzer werdenden Produktlebenszyklen sowie zunehmender Produktvarianten kontinuierlich an Bedeutung (Lotter, 2002, 168 ff).

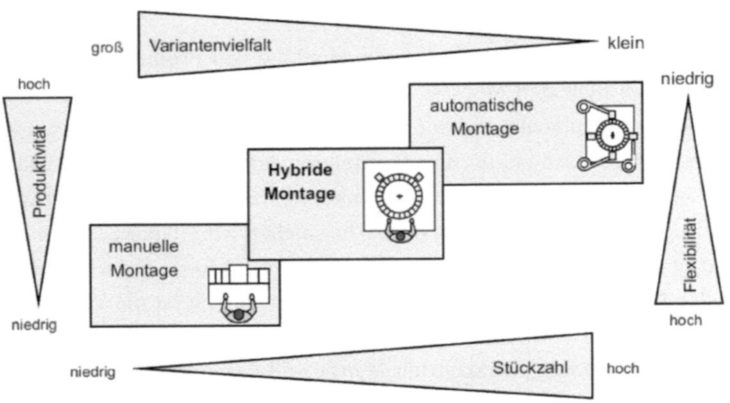

Abbildung 10: Montage in der industriellen Produktion, (Lotter, 2002,168)

Bei der Planung eines Mischmontagesystems wird als Basis ein manueller Montageplatz herangezogen. Abhängig von den zu erfüllenden Spezifikationen wird eine Anpassung des Automatisierungsgrades durchgeführt. Augenmerk bei der Planung eines hybriden Montagesystems ist auf den Menschen zu legen. Dieser steht trotz der automatisierten Unterstützung durch einen Cobot bei einem Mischmontagesystem im Mittelpunkt. Auch wenn Kollaboration Zusammenarbeit bedeutet, soll der Leichtbauroboter den Menschen in seiner Tätigkeit durch seine Fähigkeiten unterstützen. Bei der Taktabstimmung von parallelen Prozessen gilt es Stresssituationen sowie Wartezeiten für den Menschen zu vermeiden oder den Prozess mittels Puffer oder Bypass-Stationen voneinander zu entkoppeln. Bei einer Planung eines hybriden Montagesystems gelten, zur Vermeidung von Fehlinvestitionen, Grundsätze zur wirtschaftlichen Umsetzung von Montagesystemen.

- Bei der Produktgestaltung ist auf die montagegerechte Gestaltung zu achten

- Montageeinheiten sollten an die Wertschöpfung ausgerichtet sein

- Eine Anpassung an einen anderen Automatisierungsgrad des Montagesystems sollte stufenweise möglich sein

- Aufwendungen welche nicht zur Wertschöpfung beitragen sind zu vermeiden

- So viel Technik wie nötig, so wenig Technik wie möglich
- Anteil der produktneutralen Anlagenelemente so groß wie möglich halten
- Höchste Wirtschaftlichkeit anstreben

Bei der Auswahl des Montagesystems kann generell zwischen drei Grundformen gewählt werden. Das automatisierte Montagesystem ist gekennzeichnet durch hohe Investitionskosten mit einer geringen Flexibilität bei der Variantenvielfalt. Um eine automatisierte Montageanlage wirtschaftlich betreiben zu können, werden große Los- und hohe Stückzahlen benötigt. Im Gegensatz dazu bietet das manuelle Montagesystem hohe Flexibilität was die Variantenvielfalt betrifft bei vergleichsweise niedrigen Investitionskosten. Inmitten dieser beiden Ausrichtungen befindet sich das hybride Montagesystem, durch welches geringere bis mittelgroße Lose bei großer Variantenvielzahl und mittleren Investitionskosten, realisiert werden können.

3.1 Unterschied: Koexistenz: Kooperation, Kollaboration

Bei der Betrachtung der Interaktionsformen zwischen Roboter und Mensch kann je nach Tätigkeitsbereich des Roboters und Menschen eine Abgrenzung erfolgen. Um die neuen Arten der Interaktionsformen zwischen Mensch und Roboter umsetzen zu können, werden sensitive Leichtbauroboter, wie im *Kapitel 2* beschrieben, verwendet. Bei der Mensch-Roboter-Kollaboration entfällt der Schutzzaun für den Roboterbetrieb, was einen gemeinsamen Arbeitsplatz für Mensch und Roboter schafft. Durch das Wegfallen des Schutzraumes des Roboters wird die Trennung des manuellen Arbeitsplatzes und das des automatisierten Roboterarbeitsplatzes aufgehoben. Diese Überlappung der beiden Arbeitsräume lässt ein hybrides Montagesystem entstehen. Es lassen sich folgende Interaktionsformen zwischen Mensch und Roboter (vgl.: Abbildung 11) ableiten:

- Zelle: Hierbei wird von Industrierobotern gesprochen. Durch die räumliche Abgrenzung von Mensch und Roboter ist in diesem Szenario keine Kooperation oder Kollaboration möglich. Diese Art der Verwendung von Robotik wird in dieser Arbeit nicht weiter beleuchtet.

- Koexistenz: Der Roboter ist bei der Koexistenz vom Menschen nicht durch einen Schutzzaun getrennt. Mensch und Roboter arbeiten nebeneinander, jedoch überlappt sich der Arbeitsraum der beiden nicht.

- Synchronisiert: Bei einem synchronisierten Ablauf arbeiten Mensch und Roboter am selben Arbeitsplatz. Entscheidend dabei ist, dass die Interaktionspartner nicht zur gleichen Zeit an demselben Prozess arbeiten, sondern aufeinanderfolgend in den Prozess eingreifen. Diese Art der Zusammenarbeit ist die erste Stufe, bei der Mensch und Roboter auf denselben Arbeitsraum einwirken. Bei der synchronisierten Kollaboration kommt es somit zu keinem direkten Kontakt zwischen den beiden Interaktionspartnern (Bauer, et al. 2006, 9).

- Kooperation: Die Kooperation beschreibt, dass sowohl der Roboter als auch der Mensch zur selben Zeit am selben Arbeitsbereich tätig sein können, jedoch nicht am selben Werkstück arbeiten.

- Kollaboration: Bei der Kollaboration werden von beiden Interaktionspartner zur selben Zeit im selben Arbeitsraum Arbeitsaufgaben durchgeführt.

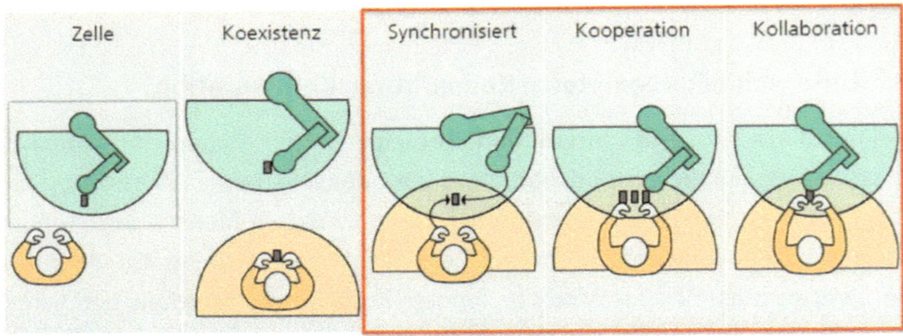

Abbildung 11: Arten von kollaborativer Robotik, eigene Darstellung angelehnt an Bauer, et al. (2006)

Die Darstellung veranschaulicht die fünf verschiedenen Arten der Zusammenarbeit zwischen Mensch und Roboter. Grundlegend wird zwischen der Arbeit in einer Zelle, koexistenter Arbeit, synchronisierter Arbeit, der Kooperation und der Kollaboration unterschieden. Von hybriden Montagesystemen wird ab dem Zeitpunkt, wo sich der Arbeitsraum von Mensch und Roboter überschneidet, gesprochen. Alle die Arten der Zusammenarbeit, welche zu den hybriden Montagesystemen zählen, sind in der oben angeführten Darstellung (Abbildung 11) rot umrahmt. Es zählen sowohl der synchronisierte, der kooperative und auch der kollaborative Arbeitsplatz zu der hybriden Montage.

3.2 Schnittstellen für die Zusammenarbeit zwischen Mensch und Roboter

Um eine effiziente Zusammenarbeit zwischen Mensch und Leichtbauroboter zu bewerkstelligen, spielt die Schnittstelle zwischen Mensch und Roboter eine wesentliche Rolle. Die Schnittstellen für die Interaktion zwischen Mensch und Roboter lassen sich in zwei Gruppen gliedern. Eine Variante stellen die Remote-Schnittstellen dar. Hierzu gehören visuelle Schnittstellen, Schnittstellen für die Gestik als auch für die Sprache. Die zweite Gruppe bildet die der physikalischen Schnittstellen, zu welchen haptische Schnittstellen, Head-Mounted-Displays (kurz: HMD) als auch die Force-Feedbacksysteme gehören. Die am häufigsten verwendeten Schnittstellen zur Robotersteuerung sind Teach-Panels oder grafisch aufbereitete Benutzeroberflächen (Krüger et al. 2009. 639f).

Ehrenmann et al. (2001) spricht bei verbalen oder gestengesteuerten Robotersystemen von einer intuitiven Art der Steuerung. Betrachtet man den Einsatzort der Leichtbauroboter, ist jedoch zu bedenken, dass in der industriellen Montage ein erheblicher Umgebungslärm vorherrschen kann. Dieser Umgebungslärm kann bei der verbalen Sprachsteuerung problematisch werden.

4 Anforderungen an den Arbeitsplatz

Autoren wie Wu (1996) sprechen bei der erfolgreichen Implementierung von MRK in der industriellen Montage von drei wichtigen Punkten. Erstens soll die Einführung eines Leichtbauroboters für die MRK nicht zur Verbesserung der Fertigung geschehen, sondern zu der Unterstützung des Menschen. Als zweites nennt er die Kombination der Fähigkeiten von Mensch und Roboter und als drittes wird beschrieben, dass bei der Implementierung einer MRK lediglich kleine Änderungen in der Montagepraxis mit sich gezogen werden sollten.

Bei der Mensch-Roboter-Kollaboration sind Produktions- und Montageprozesse so gestaltet, dass Mensch und Roboter ihre Arbeitstätigkeiten miteinander ausführen. Der Roboter soll hierbei dem Menschen assistieren und Arbeiten übernehmen, für welche er besser geeignet ist als der Mensch. Durch das Integrieren des Roboters in den Arbeitsraum des Menschen ist durch das Wegfallen des Schutzzaunes ein Berühren von Mensch und Roboter möglich. Dies geht sogar so weit, dass arbeitsbedingte Berührungen wegen ihrer Notwendigkeit eingeplant werden. Um eine Verletzungsgefahr auszuschließen sind technische Sicherheitseinrichtungen und Normen, welche die maximalen Kräfte und Drücke auf Personen festlegen, entwickelt worden. Eine grundlegende Anforderung an einen Arbeitsplatz im Kontext der MRK ist neben der Sicherheit das sinnhafte Aufteilen der Arbeitsinhalte zwischen Mensch und Roboter. Der Fokus bei der Aufteilung liegt beim Roboter auf monotone, leicht ermüdende Arbeiten und schwere Arbeitsschritte. Dies ermöglicht dem Menschen sich auf Tätigkeiten konzentrieren zu können, in welchen er dem Roboter überlegen ist. Dazu zählen Arbeitsgänge mit einem hohen Maß an Flexibilität sowie komplexe und feinfühlige Aufgabestellungen.

Bei der Errichtung eines kollaborativen Arbeitsplatzes ist auf dessen Gestaltung im Kontext des Kollaborationsraum zu achten. Ein wichtiger Punkt hierbei ist der Freiraum am Arbeitsplatz und der Zugang zu diesem. Um das Risiko zu minimieren ist der Kollaborationsraum festzulegen. Dies geschieht mittels einer dreidimensionalen Begrenzung. Es ist darauf zu achten, dass die erforderlichen Freiräume im Arbeitsraum freigehalten werden. Werkzeuge, Ausrüstungsgegenstände oder das Gebäude selbst können ein Hindernis für die MRK darstellen. Zusätzlich können Einflüsse auf den Arbeitsplatz durch die Materiallagerung oder durch die Anforderungen an den Arbeitsablauf entstehen. Neben der Zugänglichkeit des Bedienpersonals ist bei der MRK zu berücksichtigen, dass es Zugangswege geben kann, bei welchen es zu Kontaktszenarien kommen könnte. Hierzu zählen Wege vom Bedienpersonal, die an dem Cobot vorbeiführen als auch die Zugangswege, welche für die Materialbereitstellung notwendig sind. Bei der Anwendung einer MRK sind Stolpermöglichkeiten als potentielle Sturzfaktoren zu beseitigen. Weitere Anforderungen an den kollaborativen Arbeitsplatz stellen die Übergänge dar. Darunter fallen zwei Punkte. Einerseits muss der Start als auch das Ende des kollaborativen Betriebs ersichtlich sein, zweitens ist der Bereich der Kollaboration zu kennzeichnen (ISO TS 15066, 2017-04, 8f).

4.1 Fähigkeitenprofil

Ein hybrides Montagesystem im Kontext der MRK kann seine Stärken ausspielen, wenn Mensch und Roboter jeweils ihre Stärken in das System miteinbringen können. Wie in Kapitel *Anforderungen an den Arbeitsplatz* erwähnt ist bei der Aufteilung der Arbeitsinhalte darauf zu achten, dass der Roboter zur Unterstützung des Menschen eingesetzt wird. Um ein schnelles Erfassen der Vor- und Nachteile der beiden Interaktionspartner zu erreichen, wurden die Vor- und Nachteile in einer Tabelle dargestellt.

Mensch	
Vorteile	Nachteile
ausgeprägte Feinfühligkeit	geringe ergonomische Belastbarkeit
ausgeprägte Feinmotorik	leicht ermüdbar
hohe Flexibilität	geringe Genauigkeit
gute Anpassungsfähigkeit	nicht für monotone Arbeit
selbstständige Verbesserung	hohe Fehlerrate bei repetierenden Tätigkeiten
Handhabung bei komplexen Teilen	
Innovativ	
Kreativ	
Intuitiv	

Roboter	
Vorteile	Nachteile
Leistung ist gleichbleibend	Störungsanfällig
ausdauernd	Wartungsbedarf
hohe Genauigkeit	definierte Material- und Werkzeugbereitstellung
hohe Verfügbarkeit	geringe Flexibilität
hohe Zuverlässigkeit	fixierte Aufgabenabarbeitung
dokumentierte Prozesse	technisch eingeschränkt
in menschenfeindlichen Arbeitsbedingungen einsetzbar	
kann rasch viele Daten und Informationen verarbeiten	

Tabelle 2: Vor- & Nachteile des Menschen, eigene Darstellung angelehnt an Jodlbauer (2017)

Bei der Gegenüberstellung in Tabelle 2 fällt auf, dass der Roboter seine Vorteile bei monotonen Tätigkeiten hat. Verglichen zum Menschen ermüdet ein Roboter nicht. Durch seine gleichbleibende Leistung und ebenfalls gleichbleibende Produktivität ist er, wie im Kapitel *Hybride Montage* beschrieben, für hohe Stückzahlen geeignet. Jedoch ist er in seiner Flexibilität beschränkt. Ein Roboter besitzt nicht die Fähigkeit, sich wie der Mensch auf neue Gegebenheiten anzupassen. Ändert sich etwas im System, so hat dies zur Folge, dass der Roboter auf diese neuen Anforderungen eingelernt beziehungsweise programmiert werden muss. Neben den einzustellenden Parametern kann auch eine Änderung des Manipulators notwendig sein (Jodlbauer, 2017, 116f).

Der Manipulator ist jener Teil des Roboters, welches die physikalische Interaktion ermöglicht.

Der Mensch hingegen ist lern- und anpassungsfähig. Durch Analogieschlüsse ist er in der Lage sich selbst Neues zu lernen und sein Tun zu verbessern. Besonders bei feinfühligen Tätigkeiten und bei der Handhabung von komplexen Teilen, wie etwa biegeschlaffe Komponenten, ist er dem Roboter überlegen. Der Mensch ist jedoch bezüglich der Traglast, Ausdauer und Exaktheit wie beispielsweise der Wiederholgenauigkeit nicht auf dem Niveau des Roboters. Des Weiteren ist der Mensch in seinen Einsatzorten beschränkt. Der Roboter kann in Umgebungsbedingungen arbeiten, welche für den Menschen eine Gefährdung für Leib und Wohl darstellen würden (Jodlbauer, 2017, 116f).

Zusammenfassend kann in Anlehnung an Thiemermann (2005) gesagt werden, dass die Mensch-Roboter-Kollaboration versucht, die Stärken der beiden Interaktionspartner zu vereinen, und die unten angeführten Ziele verfolgt.

Mensch Roboter Kollaboration soll:

- Die Verfügbarkeit und Zuverlässigkeit erhöhen
- Es möglich machen, eine hohe Variantenvielfalt zu beherrschen
- Eine hohe Umrüstflexibilität erzielen
- Anpassungsfähig sein
- Einen hohen Wiederverwendungsgrad ausweisen
- Eine durchgehende Prozessdokumentation und –kontrolle ermöglichen
- Eine hohe Leistung und Produktivität erlangen
- Geringe Kosten verursachen
- Ergonomie verbessernd wirken

- Die Anzahl der Arbeitsumfälle reduzieren

- Durch Assistenzsysteme unterstützt werden

- So umgesetzt werden, dass sich der Roboter an den Menschen situations-abhängig anpasst

4.2 Grenzen eines Robotersystems

Bei der Verwendung von Robotersystemen werden nach DIN EN ISO 10218-2 drei Arten von Grenzen angegeben.

Die Erste in dieser Arbeit beschriebene ist die räumliche Grenze. Bei der Verwendung eines Roboters benötigt dieser einen Bewegungsraum und es muss Raum für den Einbau des Roboters und die Instandhaltung verfügbar sein. Der Roboter hat auf einem geeigneten Fundament platziert zu sein und ein Zugang für den Menschen muss vorhanden sein. Des Weiteren ist der Roboter in seiner Reichweite beschränkt.

Die zweite Grenze eines Robotersystems ist die zeitliche Grenze. Hierzu zählen neben der Lebensdauer des Roboters und der Gebrauchsdauer von Verschleißteilen und Werkzeugen, die empfohlenen Instandhaltungsintervalle. Eine weitere zeitliche Grenze ist durch Prozessablaufdiagramme und Zeiteinteilungen vorgegeben.

Die letzten Grenzen werden unter dem Begriff – andere Grenzen- angeführt. In diese Kategorie fallen die Grenzen der Umgebung, wie beispielsweise die Umgebungstemperatur, Staub oder Wasser und die Eigenschaften des zu verarbeitenden Materials.

4.3 Technische Anwendungsgebiete

Das Anwendungsgebiet der MRK erstreckt sich über eine Palette an Tätigkeiten, bei welchen der Einsatz der sensitiven Leichtbauroboter sinnvoll ist. Hierzu zählen unterstützende Tätigkeiten im Kontext der Ergonomie (Kapitel 7.2), bei welchen der Leichtbauroboter das Heben, Halten als auch das Fügen von Teilen übernehmen kann. Es können MRK-Applikationen angewandt werden, um einen Arbeitsplatz ergonomischer zu gestalten und ein ermüdungsfreieres Arbeiten zu ermöglichen.

Neben den Tätigkeiten zur Unterstützung und Verbesserung der Arbeitsergonomie zählen auch Handlingsaufgaben zu den Einsatzgebieten von sensitiven

Leichtbaurobotern. Ein Vorteil der Roboter liegt darin, dass diese für den Menschen gefährliche Gegenstände handhaben können und auch bei für den Menschen schwierigen Bedingungen genau arbeiten. Die physische Belastung des Menschen kann durch den Einsatz von MRK verringert werden, in dem der Roboter die belastenden Arbeitsinhalte übernimmt.

Leichtbauroboter werden des Weiteren zur Werkstückbestückung und Werkzeugentnahme an Bearbeitungsmaschinen eingesetzt. Sie können somit zur Erweiterung der Betriebszeit verwendet werden, ohne Mehrkosten im Sinne von finanziellen Zuschlägen zu erzeugen, wie es beispielsweise bei Personal in der Nachtschicht der Fall ist. Des Weiteren kann der Roboter auch zur flexiblen Abdeckung von Kapazitätsengpässen dienen.

Verglichen zu isolierten Menscharbeitsplätzen, wie es bei der manuellen Montage (siehe Abbildung 10) der Fall ist, als auch Roboterarbeitsplätzen, ermöglicht es die MRK effektivere Arbeitsabläufe bei geringerem Platzbedarf zu schaffen. Unter den genannten Roboterarbeitsplätzen sind Industrieroboter zu verstehen, welche durch Zellen vom Arbeitsraum des Menschen getrennt werden. Die Anwendung einer MRK kann des Weiteren zur Leistungssteigerung in einem vom demografischen Wandel betroffenen Personalstamm eingesetzt werden (Institut für angewandte Arbeitswissenschaft e. V., 2017, 2).

Hersteller wie KUKA oder auch Rethink Robotics nennen bei den Aufgabenfeldern ihrer Leichtbauroboter konkrete Tätigkeiten wie Palettieren, Depalettieren, Linienbestückung, Pick'n'Place, Verpacken, Reinraumanwendungen, offline-/inline Messen, Testen und Prüfen, Klebe- und Dichtmittelauftrag, Montage, Demontage, Beschichten und auch die Verwendung als intelligentes Stativ.

4.4 Die vier Schutzprinzipien

Um ein Zusammenarbeiten zwischen Mensch und Roboter gefahrlos ermöglichen zu können, sind Arten der Kollision zwischen den beiden Aktionspartnern festgelegt worden. Grundsätzlich wird laut Norm ISO TS 15066; 2016 zwischen vier verschiedenen Schutzprinzipien bei der Verwendung von Robotern unterschieden.

4.4.1 Handführung

Wird ein Roboter von Hand geführt, so muss dieser mit einer Handführungsein-richtung ausgestattet sein. Bei diesen Handführungseinrichtungen ist darauf zu achten, dass sie nahe dem Endeffektor platziert werden. Des Weiteren muss die Geschwindigkeit des Roboters bei der Handführung reduziert werden. Die maxi-mal zulässige Geschwindigkeit ist nicht definiert und leitet sich aus der Risikobe-urteilung ab. Bei der Verwendung eines handgeführten Systems müssen darüber hinaus ein Zustimmungsschalter als auch ein Nothaltschalter in einer leicht zu erreichenden Position installiert sein.

Abbildung 12: Roboterhandführung nach ISO TS 15066

4.4.2 Sicherheitsgerichteter Stopp

Sicherheitsgerichtete Stopps veranlassen ein sofortiges Anhalten des Roboters, wenn ein zweiter Interaktionspartner den Kollaborationsraum betritt. Der Robo-ter verharrt in diesem sicheren Betriebshalt so lange, bis der zweite Interaktions-partner den kollaborativen Arbeitsraum verlassen hat. Bei Verlassen des Arbeits-raumes setzt der Roboter seine Tätigkeit fort. Wie auch bei einem handgeführten System ist die maximale Robotergeschwindigkeit durch eine Risikobeurteilung festzulegen.

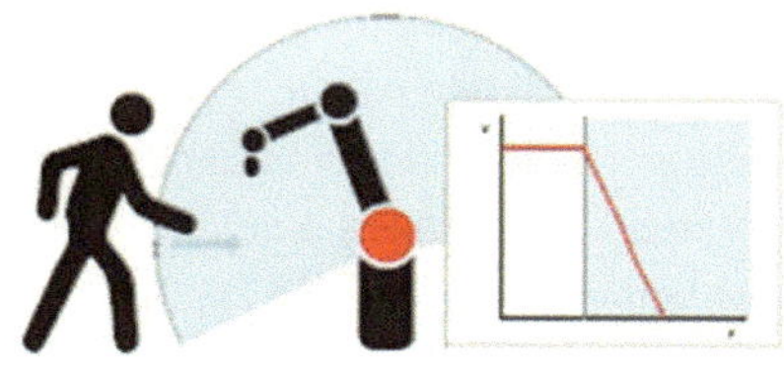

Abbildung 13:Sicherheitsgerichteter Stopp nach ISO TS 15066

4.4.3 Geschwindigkeits- und Abstandsüberwachung

Bei der Verwendung von Geschwindigkeits- und Abstandsüberwachungen werden nichttrennende Schutzeinrichtungen angewandt. Durch den Einsatz dieser wird es möglich, dass sich Personen zu jedem Zeitpunkt dem kollaborativen Arbeitsplatz nähern können, ohne dass die sich nähernde Person gefährdet wird. Die verwendeten Schutzeinrichtungen haben die Aufgabe, sich nähernde Personen zu detektieren und je nach Bedarf die Geschwindigkeit des Roboters zu reduzieren oder den Roboter in einen sicheren Betriebshalt zu bringen. Je nach Abstand des Interaktionspartners zum Roboter passt dieser seine Geschwindigkeit an. Das Anfahren des Roboters erfolgt wie bei einem sicherheitsgerichteten Stopp ohne Quittierung. Des Weiteren ist darauf zu achten, dass die Annäherung an einen Interaktionspartner nicht nur vom Menschen, sondern auch vom Roboter ausgehen kann.

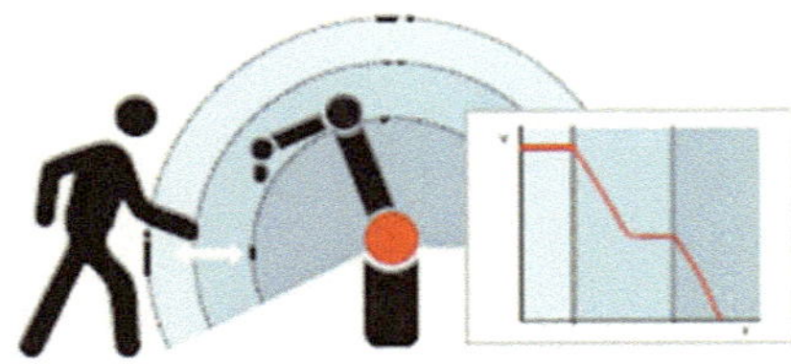

Abbildung 14: Geschwindigkeits- und Abstandsüberwachung nach ISO TS 15066

4.4.4 Kraft- und/oder Leistungsbegrenzung

Bei dieser Kollaborationsart kommt es zum Kontakt zwischen Mensch und Roboter. Aus diesem Grund ist bei der Verwendung von Kraft-/ Leistungsbegrenzungen sicherzustellen, dass es bei einem Kontakt zwischen Mensch und Roboter nicht zu einer Überschreitung von biomechanischen Belastungsgrenzwerten kommt. Kollaborativ eingesetzte Robotersysteme und dessen Manipulatoren sollten aus diesem Grund heraus mit abgerundeten Kanten versehen sein. Um auftretende Kräfte bei einer Kollision zu verringern, können Schutzeinrichtungen direkt am Roboter oder am Werkzeug angebracht werden. Bei diesen Schutzeinrichtungen wird zwischen taktilen und kapazitiven Systemen unterschieden. Bei den kapazitiven Systemen werden Sensoren eingesetzt die mittels der Veränderung der elektrischen Kapazität arbeiten und die taktilen Systeme bedienen sich Sensoren die auf mechanische Berührungen reagieren. Auch eine Kombination von taktilen Schutzeinrichtungen mit kapazitiven Schutzeinrichtungen ist möglich. Um die

Kraft-/ Leistungsbegrenzungen umsetzten zu können ist eine Momentenbegrenzung notwendig.

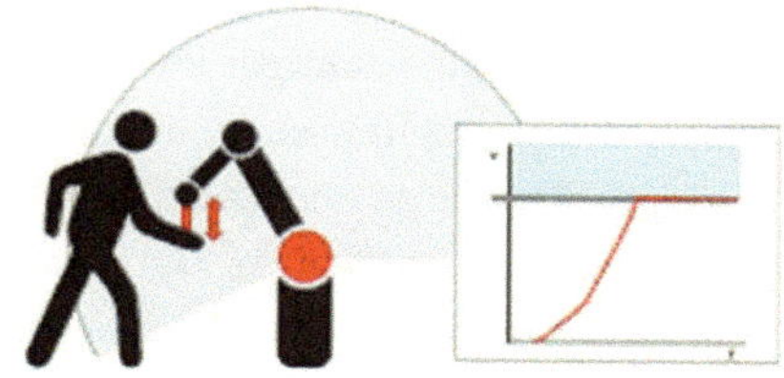

Abbildung 15: Kraft- und/oder Leistungsbegrenzung nach ISO TS 15066

5 Sicherheit

5.1 Sicherheitsanforderungen

Das Thema Sicherheit bei MRK-Anwendungen ist ein wichtiger Punkt, um ein solches System in einen Montagearbeitsplatz implementieren zu können. Bei der Überarbeitung der Normen für Industrieroboter wurde eine technische Spezifikation für den Einsatz von kollaborativen Robotern geschaffen. Durch die ISO/TS 15066 wurde ein Standard für die sicherheitstechnischen Anforderungen von Cobots festgelegt. Die Normen sind so weitgreifend, dass auch die Handhabung von Werkzeugen in Verbindung mit kollaborativen Robotern definiert ist. Da bei dem Einsatz von kollaborativen Robotern der Arbeitsraum von Mensch und Robotern nicht räumlich getrennt ist, kann die Möglichkeit einer Kollision der beiden Interaktionspartner nicht ausgeschlossen werden. Aus diesem Grund ist eine Risikobeurteilung des Arbeitsplatzes auf der Grundlage der Maschinenrichtlinie und der Norm EN ISO 10218 Teil 1 und 2 vorzunehmen. In dem folgenden Kapitel werden die für die Implementierung zu beachtenden Normen beleuchtet und auf zusätzliche Schutzmaßnahmen für die sichere Verwendung von MRK eingegangen.

5.2 Kollisionsarten

Durch das räumliche Zusammenrücken von Mensch und Roboter wird das Risiko einer Kollision der beiden Interakteure erhöht. Hinzukommt, dass bei der Mensch-Roboter-Kollaboration Schutzeinrichtungen zur Trennung der Interakteure entfallen. Dabei ist zu unterscheiden, ob es sich bei einer Kollision um einen gewünschten Kontakt oder einen unerwünschten Kontakt handelt. Im Falle eines gewünschten Kontakts wie es beispielsweise bei der Handführung des Roboters geschieht, ist auf ergonomische Gesichtspunkte, sowie auf Belastungen des Menschen zu achten. Beim Auftreten eines ungewünschten Kontakts treten die Regelungen der ISO/TS 15066; 2016 in Kraft.

Bei einer Mensch-Roboter-Kollaboration können nach ISO/TS 15066; 2016 zwei Kollisionsszenarien (Abbildung 16) unterschieden werden. Das Entscheidungskriterium ist hierbei die Dauer des Kontakts und ob sich der betroffene Mensch von der Situation befreien kann. Laut Definition spricht man bei einem Kontakt über 0,5 Sekunden von einem quasi-statischen-Kontakt. Hierbei wird die Person zwischen Roboter und einem Gegenstand beziehungsweise dem Roboter selbst eingeklemmt. Die zweite Kollisionsvariante ist die transiente Kollision. Bei der transienten Kollision beträgt die Dauer des Kontakts zwischen Mensch und Roboter unter 0,5 Sekunden. Des Weiteren kann die betroffene Person bei einem Zusammenstoß eigenständig zurück- beziehungsweise ausweichen.

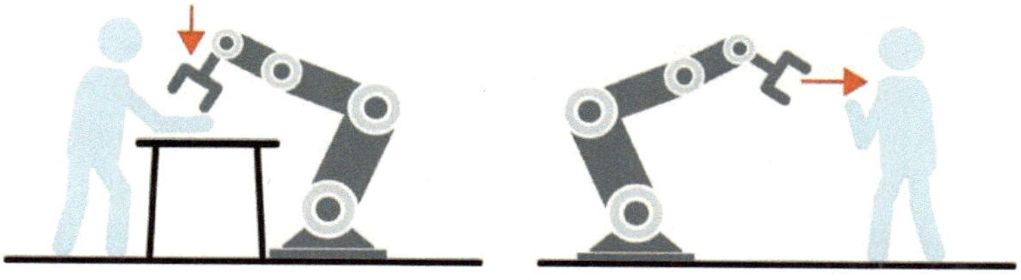

Abbildung 16:Kollisionsszenarien, nach ISO TS 15066

Diese Klassifikation wurde zur Entscheidungsfindung für die zu wählende Maßnahme erstellt. Neben der Eliminierung der Gefahrenquelle ist die Anpassung der Kräfte und Geschwindigkeiten die wichtigste Maßnahme zur Risikominimierung. Abhängig von auf den Menschen wirkenden Kräfte und Drücke wurden Grenzwerte für quasi-statische Kollisionen ermittelt. Dazu wurde ein menschliches Körpermodell (*Abbildung 17*) erstellt. In der ISO/TS 15066; 2016 sind die Schmerzgrenzen des Menschen für diese Regionen definiert. Zu beachten gilt es, dass die Schmerzgrenze von Mensch zu Mensch unterschiedlich und auch abhängig vom Geschlecht ist. Bei den Grenzwerten der transienten Kollision ist die Ausgangsbasis der doppelte Wert der quasi-statischen Kollision.

Bei einer möglichen Kollision zwischen Mensch und Roboter darf laut ISO/TS 15066; 2016 weder der Grenzwert für die auftretende Kraft, noch die des Drucks überschritten werden. Daraus ergibt sich, dass bei kleineren Flächen der Druck und im Umkehrschluss bei größeren kollidierenden Flächen die aufgebrachte Kraft von Relevanz sein wird. Die Norm ISO/TS 15066 beschreibt passive und aktive Maßnahmen zur Minderung des Risikos. Bei den passiven Maßnahmen wird von der Abrundung von Kanten und Ecken, nachgiebigen als auch glatten Oberflächen gesprochen. Ebenso gibt die Norm an, dass durch die Polsterung beziehungsweise durch Abfedern mittels verformbarer Komponenten, die Energieübertragungszeit verlängert werden kann und Stoßkräfte dadurch verringert werden. Die zulässigen Grenzwerte werden im folgenden Kapitel erläutert.

5.3 Biomechanische Belastungsgrenzen

Um bei einem unerwünschten Zusammenstoß, das Verletzungsrisiko in einem akzeptablen beziehungsweise niedrigem Ausmaß zu halten, wurden biomechanische Grenzwerte definiert. Die definierten biomechanischen Belastungsgrenzwerte wurden so definiert, dass es bei einer unerwünschten als auch bei einer erwünschten Kollision zu keinem Arbeitsausfall kommt. Des Weiteren wird keine Unterbrechung des Arbeitsvorganges durch eine Kollision erzwungen. Das verwendete Schutzprinzip ist in Kraft- und Leistungsbegrenzung unterteilt. Die Belastungsgrenze ist laut ISO TS 15066 mit dem Schmerzeintritt definiert. Als Schmerzeintritt gilt jeder Bereich, wo der Übergang von einem Druckgefühl hin zu einem leichten Schmerz überschritten wird. Bei der Bewertung der biomechanischen Grenzwerte werden nach ISO TS 15066 lediglich Klemmungen oder eine Quetschung bewertet. Hierbei wird von einer quasi-statischen Kollision gesprochen.

Um biomechanische Belastungsgrenzen definieren zu können wurde ein Körpermodell erstellt, welches in zwölf Hauptbereiche unterteilt ist. Diese zwölf Bereiche ergeben sich wiederum aus neunundzwanzig einzelnen Körperbereichen. Bei diesen neunundzwanzig Körperbereichen wird von Kontaktbereichen gesprochen. Diese Kontaktbereiche werden nach ISO TS 15066 anhand eines Körpermodelles dargestellt. Die Tabelle 3 gibt die zwölf Körperregionen und dazugehörigen spezifischen Körperbereiche an. In dieser ist des Weiteren ersichtlich, ob es sich bei der Lage des Kontaktbereiches um die Vorder- oder Rückseite des Körpermodells handelt.

Die Festlegung der biomechanischen Grenzwerte wurden vorgenommen, um im Falle eines Kontakts mit dem Roboter, die biomechanischen Belastungen so gering zu halten, dass ein Verletzen einer Bedienperson ausgeschlossen ist.

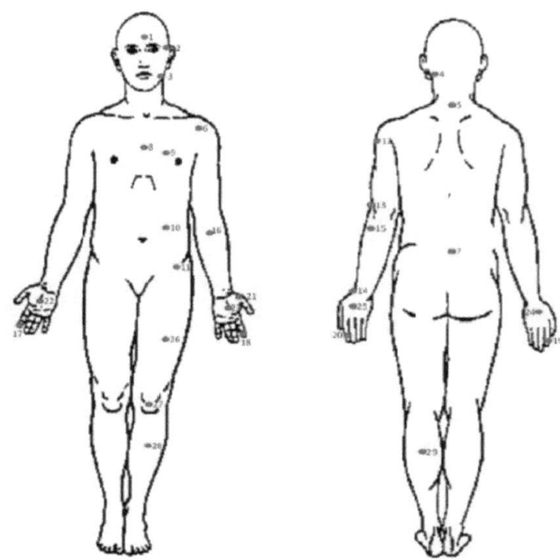

Abbildung 17: Körpermodell, ISO TS 15066

Die an dem Körpermodell gezeigten Punkte sind jene, an welchen maximale Druckwerte bei Studien ermittelt wurden. Diese Druckwerte werden herangezogen, um transiente Druckgrenzen als auch Kraftgrenzen zu ermitteln. Unter der Annahme eines vollständig unelastischen Kontakts zwischen Mensch und Roboter kann somit die übertrage Energie der Kollisionspartner modelliert werden. Hierbei werden zwei Faktoren berücksichtigt. Einerseits ist es die Nutzlastkapazität des Roboters und andererseits das Körperteil des Menschen, welcher in Kontakt mit dem Roboter kommt. Das Ermitteln der Energie ist notwendig, um die Geschwindigkeitsgrenzen für den gewählten Kollaborationsraum zu definieren.

Körperregion		Spezifischer Körperbereich	Vorderseite/Rückseite
Schädel und Stirn	1	Stirnmitte	Vorderseite
	2	Schläfe	Vorderseite
Gesicht	3	Kaumuskel	Vorderseite
Hals	4	Halsmuskel	Rückseite
	5	Siebter Halswirbel	Rückseite
Rücken und Schultern	6	Schultergelenk	Vorderseite
	7	Fünfter Lendenwirbel	Rückseite
Brustkorb	8	Brustbein	Vorderseite
	9	Brustmuskel	Vorderseite
Bauch	10	Bauchmuskel	Vorderseite
Becken	11	Beckenknochen	Vorderseite
Oberarme und Ellenbogengelenke	12	Deltamuskel	Rückseite
	13	Oberarmknochen	Rückseite
Unterarme und Handgelenke	14	Speiche	Rückseite
	15	Unterarmmuskel	Rückseite
	16	Armnerv	Vorderseite
Hände und Finger	17	Zeigefingerkuppe D[a]	Vorderseite
	18	Zeigefingerkuppe ND[a]	Vorderseite
	19	Zeigefingerendgelenk D[a]	Rückseite
	20	Zeigefingerendgelenk ND[a]	Rückseite
	21	Daumenballen	Vorderseite
	22	Handinnenfläche D[a]	Vorderseite
	23	Handinnenfläche ND[a]	Vorderseite
	24	Handrücken D[a]	Rückseite
	25	Handrücken ND[a]	Rückseite
Oberschenkel und Knie	26	Oberschenkelmuskel	Vorderseite
	27	Kniescheibe	Vorderseite
Unterschenkel	28	Schienbeinmitte	Vorderseite
	29	Wadenmuskel	Rückseite

[a] D = dominante Körperhälfte; ND = nichtdominante Körperhälfte.

Tabelle 3: Beschreibung des Körpermodells, ISO TS 15066

Die dazugehörige Beschreibung des Körpermodells nach ISO TS 15066 benennt die einzelnen Punkte des Körpermodells und gibt des Weiteren an, ob es sich bei dem spezifischen Körperteil um die dominante oder nichtdominante Körperhälfte des Menschen handelt.

Körperregion	Spezifischer Körperbereich		Quasistatischer Kontakt		Transienter Kontakt	
			Maximal zulässiger Druck[a] p_s N/cm²	Maximal zulässige Kraft[b] N	Faktor für den maximal zulässigen Druck[c] P_T	Faktor für die maximal zulässige Kraft[c] F_T
Schädel und Stirn[d]	*1*	*Stirnmitte*	*130*	*130*	*Nicht anwendbar*	*Nicht anwendbar*
	2	*Schläfe*	*110*		*Nicht anwendbar*	
Gesicht[d]	*3*	*Kaumuskel*	*110*	*65*	*Nicht anwendbar*	*Nicht anwendbar*
Hals	4	Halsmuskel	140	150	2	2
	5	Siebter Halswirbel	210		2	
Rücken und Schultern	6	Schultergelenk	160	210	2	2
	7	Fünfter Lendenwirbel	210		2	2
Brustkorb	8	Brustbein	120	140	2	2
	9	Brustmuskel	170		2	
Bauch	10	Bauchmuskel	140	110	2	2
Becken	11	Beckenknochen	210	180	2	2
Oberarme und Ellenbogengelenke	12	Deltamuskel	190	150	2	2
	13	Oberarmknochen	220		2	
Unterarme und Handgelenke	14	Speiche	190	160	2	2
	15	Unterarmmuskel	180		2	
	16	Armnerv	180		2	
Hände und Finger	17	Zeigefingerkuppe D	300	140	2	2
	18	Zeigefingerkuppe ND	270		2	
	19	Zeigefingerendgelenk D	280		2	
	20	Zeigefingerendgelenk ND	220		2	

Tabelle 4: Biomechanische Grenzwerte 1 von 2, ISO TS 15066

Körperregion	Spezifischer Körperbereich		Quasistatischer Kontakt		Transienter Kontakt	
			Maximal zulässiger Druck[a] p_s N/cm²	Maximal zulässige Kraft[b] N	Faktor für den maximal zulässigen Druck[c] P_T	Faktor für die maximal zulässige Kraft[c] F_T
	21	Daumenballen	200	140	2	2
	22	Handinnenfläche D	260		2	
	23	Handinnenfläche ND	260		2	
	24	Handrücken D	200		2	
	25	Handrücken ND	190		2	
Oberschenkel und Knie	26	Oberschenkelmuskel	250	220	2	2
	27	Kniescheibe	220		2	
Unterschenkel	28	Schienbeinmitte	220	130	2	2
	29	Wadenmuskel	210		2	

Tabelle 5: Biomechanische Grenzwerte 2 von 2, ISO TS 15066

Die oben angeführten Tabellen geben die Grenzwerte der Kräfte und die der Drücke an. Der Aufbau der Tabelle ergibt sich aus der Beschreibung des Körpermodells. Für jeden der spezifischen Körperteile wird ein maximal zulässiger Druck angegeben. Bei den zulässigen Kräften hingegen geschieht die Unterteilung lediglich in Körperregionen. Bei den maximal zulässigen Werten wird nicht die Verwendung von arbeitstypischen persönlichen Schutzausrüstungen oder Kleidung mitberücksichtigt. Des Weiteren ist festzuhalten, dass nach ISO TS 15066 Werte für Bereiche definiert ist, mit welchen ein Kontaktfall mit dem Roboter untersagt ist. Es handelt sich hierbei um die ersten drei spezifischen Körperbereiche: dem Schädel und der Stirn als auch dem Gesicht. Diese sind in der Tabelle 4 rot markiert.

Biomechanische Grenzwerte werden bei der Risikobeurteilung des kollaborierenden Roboters (kurz: Cobots) herangezogen. Bei den Kontaktszenarien sind sowohl der Druck als auch die Kraft zu berücksichtigen. Der Zusammenhang zwischen Kraft und Druck ergibt aus den unterschiedlichen Kantaktszenarien. Hierbei gibt es zwei unterschiedliche Fälle. Im Falle, dass es sich bei dem Kontaktszenarium um eine gepolsterte Maschinenoberfläche mit großer Oberfläche handelt, welche mit einer Körperregion kollidiert, welche viel Weichteilgewebeanteil hat, werden die Grenzwerte des Drucks unwahrscheinlicher überschritten werden als die der Kraft. Im Umkehrschluss werden bei geringen Druckflächen die Kraftgrenzen zu höherer Wahrscheinlichkeit nicht ausgereizt, wobei die Druckgrenze überschritten wird.

Neben dem Zusammenhang zwischen Kraft und Druck, beschreibt die Norm ISO TS 15066 den Zusammenhang zwischen den biomechanischen Grenzwerten und der Energie, welche bei einer transienten Kollision übertragen wird. In diesem Modell wird der Fall eines transienten und vollständig unelastischen Zusammenstoßes angenommen. Diese Kontaktsituation wird bei der Modellierung des Cobots als Ausgangspunkt gewählt, da sie den ungünstigsten Kontaktfall für den Menschen darstellt. Des Weiteren wird angenommen, dass es eine vollständige Abgabe der relativen kinetischen Energie an die betroffene Körperregion erfolgt. Das Modell umfasst die effektive Masse des Cobots mR,, die relative Vektorgeschwindigkeit vrel, und die Oberfläche A, welche zweidimensional ist. Im Modell trifft die effektive Masse des Cobots mR die effektive Masse des Menschen mH. In der Modellierung wird die effektive Masse des Roboters aus der Masse der bewegten Teile des Cobots und Nutzlastkapazität einschließlich der Werkstückmasse geschätzt. Die Schätzung der effektiven Masse des Menschen mH setzt sich aus der Masse der Körperregion und deren Zusammenwirken zu den angrenzenden Körperregionen zusammen. Um das Körpermodell zu komplettieren, wird diesem noch eine Federkonstante K beigefügt. Diese Federkonstante K wird hinzugezogen um die unterschiedlichen Verformungen der Körperregionen abbilden zu können. Körperregionen, deren Weichteilgewebeanteil größer ist, verformen sich bei einem Kontakt stärker und absorbieren somit mehr Energie.

Körperregion	Effektive Federkonstante K N/mm	Effektive Masse m_H kg
Schädel und Stirn	150	4,4
Gesicht	75	4,4
Hals	50	1,2
Rücken und Schultern	35	40
Brustkorb	25	40
Bauch	10	40
Becken	25	40
Oberarme und Ellenbogengelenke	30	3
Unterarme und Handgelenke	40	2
Hände und Finger	75	0,6
Oberschenkel und Knie	50	75
Unterschenkel	60	75

Tabelle 6: Effektive Federkonstante & Effektive Masse, ISO TS 15066

In der oben dargestellten Tabelle werden die effektiven Federkonstanten, unter der Annahme einer ca. ein Quadratzentimeter großen Kontaktfläche, angegebenen. Bei den effektiven Massen ist den Körperregionen Oberschenkel und Knie als auch Unterschenkel die Masse mit dem vollständigen Körpergewicht gewählt. Dies ist darauf zurückzuführen, dass ein Zurückweichen im Falle eines Zusammenstoßes zwischen Mensch und Roboter nicht möglich ist.

Mit den festgelegten Werten für die Maximalwerte des Drucks und der Kräfte, aus der Tabelle der biomechanischen Grenzwerte, wird mit der Zuhilfenahme der Federkonstante für die bestimmte Körperregion die maximal erlaubte Energieübertragung ermittelt.

$$E = \frac{F_{max}^{\,2}}{2k}, \frac{A^2 p_{max}^{\,2}}{2k}$$

Formel 1: Maximal übertragene Energie, ISO TS 15066

Hierbei ist die mathematische Schreibweise der technischen Spezifikation jedoch zu kritisieren.

Aus Tabelle 4 und Tabelle 5 geht hervor, dass F_{max} und p_{max} unterschiedliche Werte aufweisen können. Zusätzlich kann die Kontaktfläche zwischen Körperregion und Roboter variieren. Somit müsste die mathematische Schreibweise lauten:

$$E = \max\left(\frac{F^2}{2k}, \frac{A^2 p^2}{2k}\right)$$

Legende der Formel 1

E	Maximal übertragene Energie
F_{max}	Maximal zulässige Kraft
p_{max}	Maximal zulässiger Druck
k	Effektive Federkonstante
A	Kontaktfläche zwischen Körperregion und Roboter

Körperregion	Maximal übertragene Energie E J
Schädel und Stirn	0,23
Gesicht	0,11
Hals	0,84
Rücken und Schultern	2,5
Brustkorb	1,6
Bauch	2,4
Becken	2,6
Oberarme und Ellenbogengelenke	1,5
Unterarme und Handwurzelgelenke	1,3
Hände und Finger	0,49
Oberschenkel und Knie	1,9
Unterschenkel	0,52

Tabelle 7: Maximal übertragene Energie, ISO TS 15066

Die Werte aus Tabelle 7: Maximal übertragene Energie, ISO TS 15066 werden zur Berechnung für die maximale Robotergeschwindigkeit für das auftretende Kontaktszenario herangezogen. Um die maximale Robotergeschwindigkeit herleiten zu können, wird die Annahme getroffen, dass die Federarbeit, der kinetischen

Energie in Masseschwerpunktkoordinaten gleichgesetzt ist. Hierbei ist die Annahme eines unelastischen Kontakts nach wie vor geltend.

Unter diesen Annahmen ergibt sich die Energie aus folgender Gleichung:

$$E = \frac{F^2}{2k} = \frac{1}{2}\mu v_{rel}^2$$

Formel 2: Energie mit reduzierter Masse, ISO TS 15066

Legende der Formel 2

v_{rel} Relativgeschwindigkeit zwischen Mensch und Roboter

μ Reduzierte Masse aus der Formel 3: reduzierte Masse, ISO TS 15066

$$\mu = \left(\frac{1}{m_H} + \frac{1}{m_R}\right)^{-1}$$

Formel 3: reduzierte Masse, ISO TS 15066

Legende der Formel 3

m_H Effektive Masse aus Tabelle 6: Effektive Masse & Federkonstante des Körpermodells, ISO TS 15066, für die zu berechnende Körperregion

m_R Effektive Masse des Roboters aus der Formel 4: Effektive Masse des Roboters, ISO TS 15066 unter Berücksichtigung der Roboterstellung im Kontaktfall.

$$m_R = \frac{M}{2} + m_L$$

Formel 4: Effektive Masse des Roboters, ISO TS 15066

Legende der Formel 4

Die Werte für mL und M sind aus den Datenblatt des Roboters zu entnehmen.

m_L Nutzlast des Roboters unter der Berücksichtigung von dem Werk stück als auch Werkzeug

M   Summe der Masse der beweglichen Roboterteile

Um v_{rel} ermitteln zu können wird die Formel 2: Energie mit reduzierter Masse, ISO TS 15066 nach v_{rel} aufgelöst. Werden hierbei die maximalen Kräfte und Drücke aus Tabelle 4: Biomechanische Grenzwerte 1 von 2, ISO TS 15066 oder aus

Tabelle 5: Biomechanische Grenzwerte 2 von 2, ISO TS 15066 gewählt, kann somit die relative Maximalgeschwindigkeit $v_{rel,max}$ ermittelt werden.

Die daraus ermittelten Grenzwerte für die Geschwindigkeit werden in der unten angeführten Grafik dargestellt und diskutiert. Bei der Durchführung der Risikobeurteilung hat solch eine Berechnung mit den tatsächlich anfallenden Werten zu erfolgen. Daraus ist abzuleiten, ob die Zielvorstellung des Cobots erreicht werden kann.

$$v_{rel,max} = \frac{F_{max}}{\sqrt{\mu k}} = \frac{Ap_{max}}{\sqrt{\mu k}}$$

Formel 5: maximale Relativgeschwindigkeit, ISO TS 15066

Wie in Formel 1 erläutert, müsst die mathematische Schreibweise wie folgt lauten:

$$v_{rel,max} = \max\left(\frac{F}{\sqrt{\mu k}}, \frac{Ap}{\sqrt{\mu k}}\right)$$

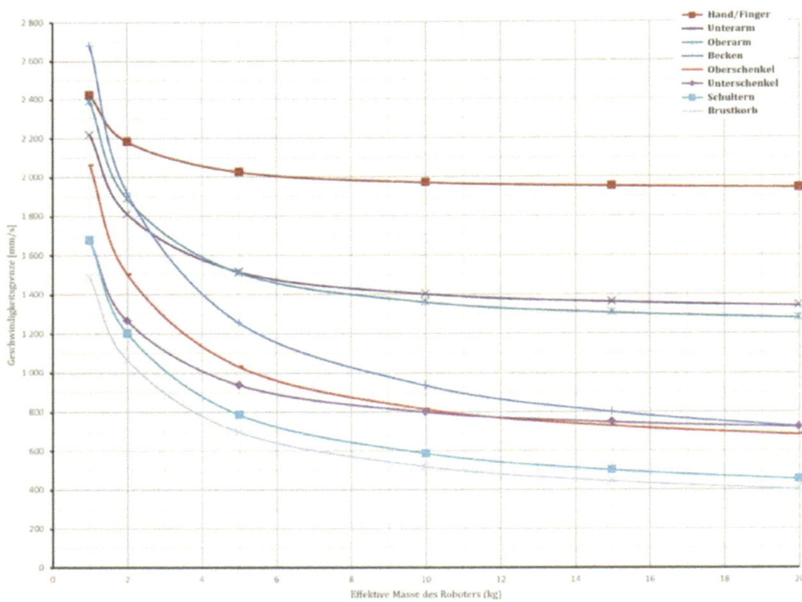

Abbildung 18: Graphische Darstellung der Geschwindigkeitsgrenzen, ISO TS 15066

Aus den erarbeiteten Informationen nach ISO TS 15066 kann zu dem Kapitel Bei einer möglichen Kollision zwischen Mensch und Roboter darf laut ISO/TS 15066; 2016 weder der Grenzwert für die auftretende Kraft, noch die des Drucks überschritten werden. Daraus ergibt sich, dass bei kleineren Flächen der Druck und im Umkehrschluss bei größeren kollidierenden Flächen die aufgebrachte Kraft von Relevanz sein wird. Die Norm ISO/TS 15066 beschreibt passive und aktive Maßnahmen zur Minderung des Risikos. Bei den passiven Maßnahmen wird von der Abrundung von Kanten und Ecken, nachgiebigen als auch glatten Oberflächen gesprochen. Ebenso gibt die Norm an, dass durch die Polsterung beziehungsweise durch Abfedern mittels verformbarer Komponenten, die Energieübertragungszeit verlängert werden kann und Stoßkräfte dadurch verringert werden. Die zulässigen Grenzwerte werden im folgenden Kapitel erläutert.

Biomechanische Belastungsgrenzen folgendes im Zusammenhang mit dieser Arbeit gesagt werden. Der Einsatzsatz der Cobots ist abhängig von der effektiven Masse der Roboter. Der nicht-lineare Verlauf der Geschwindigkeitsgrenzen für transiente Kontaktszenarien weist drauf hin, dass bei zu hoher effektiven Masse des Roboters die Grenze der maximal erlaubten Geschwindigkeit so stark sinkt, dass im Falle von kurzen Zykluszeiten, diese überschritten werden könnten. Diese Erkenntnis beschränkt die Einsatzgebiete der MRK in der industriellen Montage. Wie in der Abbildung 18: Graphische Darstellung der Geschwindigkeitsgrenzen, ISO TS 15066 ersichtlich ist, fallen bei sämtlichen Körperregionen die maximal erlaubten Geschwindigkeiten des Roboters bis etwa fünf Kilogramm effektive Masse stark ab.

Auch die MRK-Experten Stojicic & Wohlkinger (2018) sprechen von einer schwierigen normgerecht Umsetzung bei Applikationen mit schweren Robotern die sich mit hohen Geschwindigkeiten bewegen. In diesen Fällen werden die Grenzen der Normen schnell erreicht. Bei der derzeitigen raschen Entwicklung von Technologien wie es bei der MRK der Fall ist, ist es nach Hallbauer & Wohlkinger (2018) vorherbestimmt, dass die Norm sich noch weiterentwickeln wird.

Bei dieser Grafik ist zu berücksichtigen, dass bei der Ermittlung der Werte von einer Kontaktfläche von etwa einem Quadratzentimeter ausgegangen wurde. Werden wie im Kapitel 5, Maßnahmen zur Risikominderung vorgenommen, so können diese Werte nach oben korrigiert werden. Ein System um dies zu realisieren nennt sich AIRSKIN. Es werden mit sogenannten AIRSKIN-Pads, wobei es sich um mit 3D-Druck gefertigte und Luft gefüllte Kunststoffkissen handelt, Roboter und optional auch der Greifer abgedeckt. Im Falle einer Kollision zwischen dem

Roboter und einem Mitarbeiter oder einem Objekt reagiert der Kollisionssensor in den AIRSKIN-Pads und löst sofort einen Nothalt aus. Zusätzlich dämpfen die weichen AIRSKIN-Pads die Auswirkungen von Kräften auf den Menschen. Das System ermöglicht durch die Vergrößerung der Kollisionsflächen und durch den zusätzlich gewonnenen Bremsweg höhere Geschwindigkeiten des Roboters (Blue Danube Robotics, 2018).

6 Wirtschaftlichkeit

Bei hybriden Montagesystemen fallen verglichen zu rein manuellen Montagesystemen höhere Investitionskosten an. Manuelle Montagesysteme sind durch eine niedrige Produktivität und geringe Stückzahl gekennzeichnet. Die manuelle Montage eignet sich bei einer hohen Variantenanzahl. Im Gegenteil zu automatisierten Systemen wird bei manuellen Montagesystemen ein geringerer Kapitaleinsatz getätigt. Lotter (2012) gibt zur Erstellung der Wirtschaftlichkeitsrechnung von Montagesystemen Verfahren wie die der auf Basis der Platzkostenrechnung oder die der Primär- Sekundär-Analyse zur Ermittlung des Montagewirkungsgrades mit zeitlicher und/oder monetärer Bewertung an.

Um eine Bewertung im Sinne der Wirtschaftlichkeit durchführen zu können, wird in dieser Arbeit die Methode der Wirtschaftlichkeitsrechnung auf Basis der Stückkostenrechnung herangezogen. Dies geschieht in Anlehnung an Krüger et al. (2009). Um das große Potential der Mensch-Roboter-Kollaboration bei häufigen Produktwechsel veranschaulichen zu können, wird dies mit der Vorgehensweise von Jodlbauer (2017) ergänzt.

Bei konventionellen Industrierobotern stellt der Roboter lediglich ein Drittel der Investition des ganzen Systems dar. Die nebenbei anfallenden Kosten machen zusammen zwei Drittel aus. Bender (2016) gibt an, dass auch bei der Verwendung von Leichtbaurobotern diese Überschlagsformel anwendbar sei. Diese Aussage ist jedoch widersprüchlich zu Halbauer (2018). Dieser verweist darauf, dass bei einer normgerechten Umsetzung einer MRK Applikation zwar der Schutzzaun und die Schutzscanner wegfallen aber dass die Risikoanalyse, das mechanische, elektronische und sicherheitstechnische Engineering, als auch die Abnahme der MRK Applikation meist zu einer höheren Investition als bei Industrierobotern führt.

Wesentliche Kostentreiber bei Roboteranwendungen sind die Materialbereitstellung, welche robotergerecht zu gestalten ist, und die Gewährleistung der Sicherheit. Zur Gewährleistung der Sicherheit ist ein Nachweis über die Sicherheit der Montagemitarbeiterin / dem Montagemitarbeiter notwendig. Verglichen zu einem manuellen Montagearbeitsplatz, bei welchen die Materialen ungeordnet in Gebinden bereitgestellt werden können, fallen bei der Verwendung von Robotik nicht vernachlässigbare Materialbereitstellungskosten an. Entscheidend hierbei ist die Geometrie der zu assemblierenden Teile. Um eine exakte Position der Teile bestimmen zu können, werden bei Leichtbaurobotern, wie bei dem Bosch APAS, oftmals kamerabasierte Systeme angewendet. Im Falle von der Teilebereitstellung von Kleinteilen wie Schrauben können diese vereinzelt werden und über ein Vakuumsystem zugeschossen werden. Die Art der Teilebereitstellung ist von Fall zu Fall auf die dadurch entstehenden Materialbereitstellungskosten zu prüfen (Bender, 2016, 17f). Neben der Investition für die Teilebereitstellung müssen auch die geltenden Sicherheitsbestimmungen eingehalten werden. Bei der CE- Zertifizierung nach der Maschinenrichtlinie ist auch das Werkzeug und das Werkstück, mit dem hantiert wird, beurteilt. Die Sicherheit für das Montagepersonal muss vom Systemintegrator gewährleistet sein. Die Gefährdungsbeurteilung muss deshalb bei einer Änderung der Applikation neu durchgeführt werden. So auch wie zuerst genannt bei einer Änderung der Teilebereitstellung (Bender et al, 2016, 18).

Der Systemintegrator kann sowohl der Monteur, Hersteller, der Benutzer selbst oder das Ingenieurbüro sein. Nach der DIN EN ISO 10218-2 wird derjenige als Systemintegrator betitelt, der das Robotersystem oder Fertigsystem gestaltet hat, dieses zur Verfügung stellt, gefertigt beziehungsweise montiert hat. Des Weiteren ist der Systemintegrator für Sicherheitsstrategie, Schutzmaßnahmen, Steuerungsschnittstellen und den Verbindungen zum Steuerungssystems verantwortlich.

Am heutigen Markt lässt sich der Trend beobachten, dass sich die Fertigung von Konsumgütern von der Massenproduktion hinzu einer Mass Customization ändert. Darunter versteht man eine kundenindividuelle Massenproduktion (Fogliatto, 2012, 14ff). Ein gerade in der Automobilindustrie zu beobachtender Trend ist die hohe Anzahl an wählbaren Ausführungen (Herlyn, 2014, 58ff). Daraus ergibt sich ein Spannungsfeld zwischen individuellen Produkten und der Bewahrung von Vorteilen der Massenproduktion. Die Vorteile der fixen, auf ein spezifisches Produkt ausgelegten Automatisierung sind die Qualität und die Reproduzierbarkeit der Produkte. Dem gegenüber steht die eingeschränkte Flexibilität solcher Systeme, was die Variantenvielfalt der Fertigung betrifft. Auch wenn durch die Einführung der programmierbaren Industrieroboter die Montage flexibler geworden ist, so steht sie doch bei manchen Tätigkeiten an. Die Montage in der Automobilbranche ist durch die hohe Individualisierung der Produkte in einem hohen Grad nur mit einer manuellen Montage wirtschaftlich umsetzbar (Matthias & Ding, 2013, 4f). Mit der MRK und dessen Anwendungsgebieten wurde eine neue Dimension der Flexibilität geschaffen. Durch die sicheren Leichtbauroboter ist es möglich, den Arbeitsinhalt je nach Eignung dem Menschen oder dem Roboter zuzuteilen (Matthias et al, 2010, 171ff).

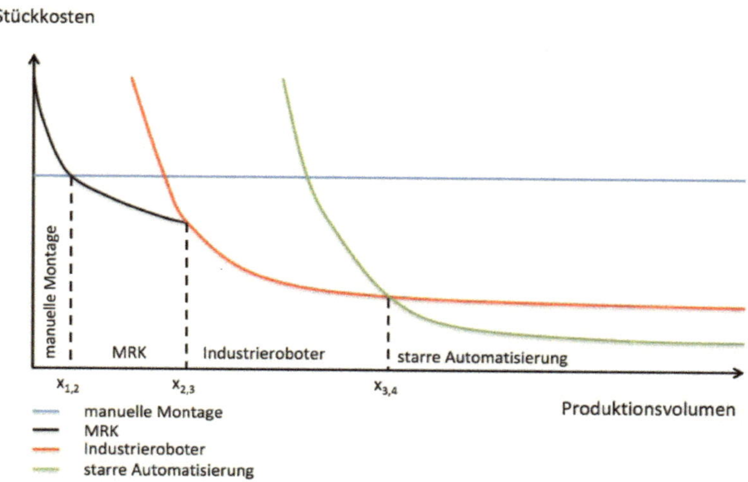

Abbildung 19: Wirtschaftlichkeit von Produktionsparadigmen, angelehnt an Krüger et al. (2009)

Die oben angeführte Grafik beschreibt qualitativ den zu wählenden Automatisierungsgrad in Abhängigkeit von dem Produktionsvolumen auf der horizontalen Achse und den Stückkosten auf der vertikalen Achse. Durch die Kostendegression ergeben sich Stückkostenverläufe, welche für die manuelle Montage, MRK-Systeme, konventionelle Robotik und der starren Automatisierung betrachtet werden. Die degressiven Stückkostenverläufe ergeben sich durch die Formel 6. Es wird angenommen, dass bei der manuellen Montage keine Fixkosten anfallen. Dies ist damit begründet, dass keine Investitionskosten für die Automatisierung entstehen. Die MRK eröffnet eine voraussichtlich wirtschaftliche Möglichkeit, bei geringen Produktionsvolumen, die Vorteile der Automatisierung nützen zu können (Matthias & Ding, 2013, 5).

Jodlbauer (2008) spricht bei der Erfüllung der Kundenbedürfnisse von der Einhaltung von Lieferzeiten bei gleichzeitigem Zuwachs der Varianten. Während der Abarbeitung des Produktvolumens kommt es bei der geforderten Kundenorientierung beispielsweise zu Umrüstarbeiten durch Produktwechsel. Dies generiert Wechselkosten, welche zu berücksichtigen sind. Diese angeführten Wechselkosten fallen bei starrer Automatisierung desto höherer aus, je aufwendiger der Produktwechsel ist. Um das oben angeführte Produktionsparadigma von Krüger et al. (2009) zu ergänzen, wird im nachfolgendem Teil das optimale Eisatzgebiet unter

Berücksichtigung der Fixkosten und Produktwechsel erläutert. Um eine Abgrenzung der optimalen Einsatzgebiete unter Berücksichtigung der Fixkosten und Wechselkosten darstellen zu können, werden in dieser Arbeit zuerst die Begrifflichkeiten definiert.

$$k_{Stück} = k_{var} + \frac{k_{fix}}{x}$$

Formel 6: Stückkosten, Jodlbauer (2017)

Legende der Formel 6

$k_{Stück}$ gibt die Stückkosten an

k_{var} sind die Variablen Kosten je Stück

k_{fix} steht für die Fixkosten

x ist das Produktionsvolumen

Um die Stückkosten berechnen zu können, werden die Fixkosten in der Betrachtungsperiode und variablen Kosten herangezogen. Die Fixkosten (k_{fix}) werden in der Betrachtungsperiode durch das Produktionsvolumen dieser Periode dividiert. Hierzu wird beispielsweise die Jahresabschreibung durch das Jahresproduktionsvolumen dividiert. Somit ist der Fixkostenanteil pro Stück ermittelt. Hinzu kommen die variablen Kosten (k_{var}) je Stück. Die variablen Kosten werden in der Literatur auch als mengenabhängige oder bewegliche Kosten bezeichnet und sind üblicherweise Materialeinzelkosten oder der Anteil der Lohnkosten, die für das Stück anfallen. Im Kontext der optimalen Einsatzorte der Mensch-Roboter-Kollaboration kann gesagt werden, dass bei der manuellen Arbeit geringe Fixkosten und höhere, variable Kosten anfallen.

Wie in Abbildung 10 bereits gezeigt, ist der manuelle Arbeitsplatz jedoch in der Stückzahl beschränkt. Die Fixkosten, welche hierbei anfallen sind Kosten, welche für den Raumbedarf oder Kleinwerkzeuge anfallen. Geht man nun einen Automatisierungsgrad nach oben, hin zur hybriden Montage, welche den Einsatzort von Leichtbaurobotern darstellt, so fallen diese Kosten auch hier an. Analog dazu fallen, die für den manuellen Arbeitsplatz benötigten Fixkosten im Sinne des Platzbedarfs und Kleinwerkzeuge, auch beim Einsatz von Industrierobotern oder starrer Automatisation an. Bei den variablen Kosten ist der manuelle Arbeitsplatz durch seine hohe erforderliche Arbeitszeit und Materialverbrauch verglichen zu den höheren Automatisierungsgraden im Nachteil.

$$k_{var1} > k_{var2} > k_{var3} > k_{var4}$$

$$0 = k_{fix1} < k_{fix2} < k_{fix3} < k_{fix4}$$

Formel 7: Variable Kosten & Fixkosten Vergleich, Jodlbauer (2017)

Legende der Indexe zu Formel 7

1   manueller Arbeitsplatz

2   Mensch-Roboter-Kollaboration

3   Industrieroboter

4   starre Automatisation

Je hoher der Automatisierungsgrad ist, desto geringer fallen die variablen Stückkosten aus. Anders verhalten sich die Fixkosten, welche bei höherem Automatisierungsgrad steigen. Die geringer werdenden variablen Stückkosten können beispielsweise mit der geringeren Arbeitszeit pro Stück erklärt werden. Der Anstieg der Fixkosten hängt damit zusammen, dass durch die höhere Investsumme auch eine höhere Abschreibung erfolgt.

Jodlbauer (2017) beschreibt mathematisch mit Berücksichtigung der Fixkosten die dadurch entstehenden Produktionparadigma. Hierzu werden die jeweils Ansetzte der benachbarten Stückkosten gleichgesetzt. Somit kann anhand der Ausbringungsmenge bestimmt werden, welcher produktionstechnische Ansatz bezüglich der Kosten zu präferieren ist.

$$k_{var,i} + \frac{k_{fix,i}}{x} = k_{var,i+1} + \frac{k_{fix,i+1}}{x}$$

$$x_{i,i+1} = \frac{k_{var,i} - k_{var,i+1}}{k_{fix,i+1} - k_{fix,i}}$$

Formel 8: Schnittpunkte je Ausbringungsmenge, Jodlbauer (2017)

Legende der Formel 8

$x_{i,i+1}$ Schnittpunkt der Ausbringungsmenge der benachbarten Ansetzte

i   produktionstechnischer Ansatz

Somit kann der zu wählende, produktionstechnische Ansatz (i), bezogen auf die Stückkosten, ermittelt werden. Hier kann es zu zwei Fällen kommen. Bei dem ersten beschriebenen Fall $x < x_{i,i+1}$ ist der produktionstechnische Ansatz i zu wählen, da dieser die geringeren Stückkosten aufweist. Im zweiten Fall x > $x_{i,i+1}$ ist der produktionstechnische Ansatz i+1 zu wählen (Jodlbauer, 2017, 120f).

Im Anwendungsfall der MRK würde dies bedeuten, dass bei dem Vergleich zwischen den Stückkosten der manuellen Montage und hybriden Montage im Fall Eins die manuelle Montage die geringeren Stückkosten aufweist und im Fall Zwei die MRK einen Kostenvorteil hat. Wie bereits oben beschrieben, wird dieser Ansatz um die Wechselkosten ($k_{wechsel}$) erweitert, um die geforderte Kundenorientierung miteinzubeziehen. Jodlbauer (2017) beschreibt das Verhalten der Wechselkosten ähnlich wie das der Fixkosten. Je geringer der Automatisierungsgrad, desto geringer sind auch die Wechselkosten.

$$k_{wechsel1} < k_{wechsel2} < k_{wechsel3} < k_{wechsel4}$$

Formel 9: Wechselkosten, Jodlbauer (2017)

Legende der Indexe zu Formel 9

1	manueller Arbeitsplatz
2	Mensch-Roboter-Kollaboration
3	Industrieroboter
4	starre Automatisation

Unter der Berücksichtigung der Wechselkosten ergibt sich für die Stückkosten folgende Formel:

$$k_{Stück} = k_{var} + k_{wechsel}y + \frac{k_{fix}}{x}$$

Formel 10:Stückkosten mit Wechselkosten, Jodlbauer (2017)

Legende der Formel 10

$k_{Stück}$	gibt die Stückkosten an
k_{var}	sind die Variablen Kosten je Stück
k_{fix}	steht für die Fixkosten
x	ist das Produktionsvolumen
$k_{wechsel}$	sind die Wechselkosten
y	die Anzahl der vollzogenen Wechsel

Die in der Formel 10 angeführten Stückkosten sind somit abhängig von dem Produktionsvolumen, welches in einer Periode betrachtet wird, und der Anzahl der vollzogenen Wechsel in der Periode. Somit kann durch Gleichsetzten wie in Formel 8 der zu bevorzugende produktionstechnische Ansatz ermittelt werden. Hierzu werden wie vorhin benachbarte, produktionstechnische Ansätze gleichgesetzt.

$$k_{var,i} + k_{wechsel,i}y + \frac{k_{fix,i}}{x} = k_{var,i+1} + k_{wechsel,i+1}y + \frac{k_{fix,i+1}}{x}$$

$$x = \frac{k_{fix,i+1} - k_{fix,i}}{(k_{var,i} - k_{var,i+1}) - (k_{wechsel,i+1} - k_{wechsel,i})y}$$

$$x_{i,i+1} = \frac{k_{fix,i+1} - k_{fix,i}}{(k_{var,i} - k_{var,i+1})} \quad (f\ddot{u}r\ y = 0)$$

$$y = \frac{k_{var,i} - k_{var,i+1}}{k_{wechsel,i+1} - k_{wechsel,i}} - \frac{k_{fix,i+1} - k_{fix,i}}{k_{wechsel,i+1} - k_{wechsel,i}} \frac{1}{x}$$

$$y_{i,i+1} = \frac{k_{var,i} - k_{var,i+1}}{k_{wechsel,i+1} - k_{wechsel,i}} \quad (f\ddot{u}r\ x \to \infty)$$

Formel 11: Trajektorien, Jodlbauer (2017)

Aus dieser Formel ergeben sich drei Trajektorien (auch Bahnkurven genannt), welche zur Abgrenzung des optimalen Einsatzgebiets unter Berücksichtigung der Anzahl von Produktwechsel und Produktionsvolumen dienen.

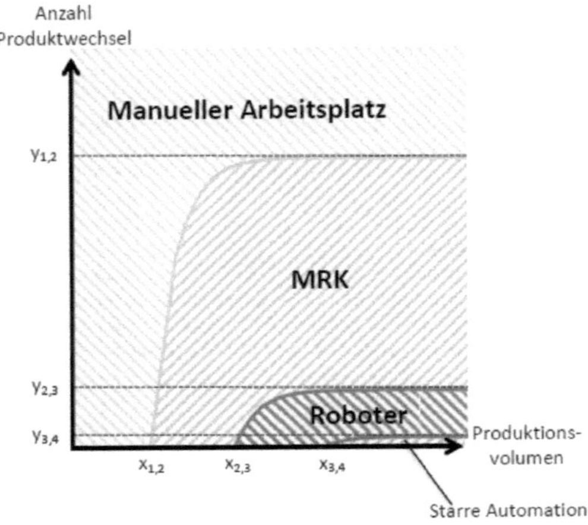

Abbildung 20: Trajektorien zur Abgrenzung des optimalen Einsatzgebiets von MRK, eigene Darstellung in Anlehnung an Jodlbauer (2017)

Die Darstellung gibt den zu wählenden Automatisierungsgrad bezüglich der geringsten Stückkosten an. Von links oben nach rechts unten steigt der Automatisierungsgrad von dem manuellen Arbeitsplatz über die MRK und Industrieroboter, hin zur starren Automatisierung. Die Abbildung 2 veranschaulicht, dass die Mensch-Roboter-Kollaboration großes Potential bei vielfachen Produktwechsel bezüglich der Stückkosten aufweist (Jodlbauer, 2017, 122f).

Stojicic (2018) spricht bei der skalierbaren Montage mittels MRK von einen der größten Vorzüge der MRK.

6.1 Einsparungspotential

Durch das Wegfallen des Schutzzaunes und gleichzeitigem Einhalten der Sicherheitseinrichtungen ist bei der MRK der Roboter in seiner Fahrgeschwindigkeit begrenzt. Laut Halbauer (2018) ist durch das Wegfallen des Schutzzaunes eine Einsparung der benötigten Fläche möglich. Die Geschwindigkeit des Roboters ist in einigen Montagefällen deutlich langsamer als die des Menschen. Neben der Geschwindigkeit des Roboters ist noch zu beachten, dass ein Roboter für eine Tätigkeit programmiert wird. Des Weiteren wird auch sein Greifer für eine Applikation ausgeführt oder ein spezifisches Werkzeug am Roboter angebracht. Dies beschränkt den Leichtbauroboter in seiner Einsatzmöglichkeit und aus diesem Grund können dem Roboter auch nur geringe Einsparungspotentiale gegenüber dem Menschen gegengerechnet werden. Um eine Wirtschaftlichkeit erreichen zu können, ist auf eine hohe Auslastung des Roboters zu achten (Doll, 2015, 1ff).

6.2 Montageeffizienz

Krüger et al. (2009) beschreiben Montageeffizienz, in dem sie Montageszenarien vergleichen. Bei diesen Vergleichen wird der Mensch mit dem Roboter verglichen. Im ersten Szenario arbeitet der Roboter kooperativ mit dem Menschen und in dem zweiten Montageszenario arbeitet der Mensch mit dem Roboter kollaborativ. Die kooperative Zusammenarbeit wird in zwei Tätigkeiten geteilt. Einerseits wird von einer Montagearbeit des Roboters oder des Menschen gesprochen. Andererseits von Handhabungsaufgaben, die einer der zwei Interaktionspartner ausführt. Diese Aufgaben werden immer simultan und versetzt zueinander durchgeführt, so dass eine Kollision vermieden wird. Wird die Sicherheitsdistanz zwischen Roboter und Menschen unterschritten, so stoppt der Roboter. Dies hat zur Folge, dass ein Interaktionspartner auf den anderen warten muss, wenn der andere zu langsam arbeitet. Der kollaborative Montagefall weist hingegen vier verschiedene Möglichkeiten auf. Dies ist möglich, da der Roboter gleichzeitig mit dem Menschen Handhabungsaufgaben als auch Montageaufgaben durchführen kann. Die vier Fälle sind somit:

1. Mensch und Roboter führen gemeinsam Montageaufgaben durch

2. Mensch und Roboter führen gemeinsam Handhabungsaufgaben durch

3. Mensch führt Montageaufgaben durch, während Roboter Handhabungsaufgaben durchführt

4. Mensch führt Handhabungsaufgaben durch, während Roboter Montageaufgaben durchführt

Durch diese Eigenschaft lassen sich Verlustzeiten im Sinn von Wartezeiten deutlich reduzieren.

Bei einer möglichen Kollision zwischen Mensch und Roboter darf laut ISO/TS 15066; 2016 weder der Grenzwert für die auftretende Kraft, noch die des Drucks überschritten werden. Daraus ergibt sich, dass bei kleineren Flächen der Druck und im Umkehrschluss bei größeren kollidierenden Flächen die aufgebrachte Kraft von Relevanz sein wird. Die Norm ISO/TS 15066 beschreibt passive und aktive Maßnahmen zur Minderung des Risikos. Bei den passiven Maßnahmen wird von der Abrundung von Kanten und Ecken, nachgiebigen als auch glatten Oberflächen gesprochen. Ebenso gibt die Norm an, dass durch die Polsterung beziehungsweise durch Abfedern mittels verformbarer Komponenten, die Energieübertragungszeit verlängert werden kann und Stoßkräfte dadurch verringert werden. Die zulässigen Grenzwerte werden im folgenden Kapitel erläutert.

Biomechanische Belastungsgrenzen- werden die Grenzgeschwindigkeiten abhängig von der effektiven Masse beschrieben. Diese Grenzgeschwindigkeit gibt die maximale Geschwindigkeit für den Fall einer Kollision an.

Arai et al. (2010) beschreibt jedoch, dass durch die Mensch-Roboter-Kollaboration Stress entsteht. Diese wird erzeugt, wenn sich der Leichtbauroboter mit hoher Geschwindigkeit am Menschen vorbeibewegt. Auch andere Faktoren wie die Größe und Form des Roboters wie auch der Abstand zum Menschen sind ausschlaggebend für den Stress. In einer Studie (Assessment of operator stress induced by robot collaboration in assembly) wurde ermittelt wie sich der Abstand von Roboter zum Menschen und die Geschwindigkeit des Roboters auf den Stress auswirkt. Zusätzlich wurde ermittelt, welche Auswirkungen es mit sich zieht, wenn der Mensch über die Höchstgeschwindigkeit des Roboters informiert wurde. Bei dem Versuch wurde mit drei unterschiedlichen Abständen von 1,0m, 1,5m und 2,0m sowie mit drei verschiedenen Geschwindigkeiten von 250mm/s, 500mm/s und 1000mm/s Tests durchgeführt.

Arai et al. (2010) gibt bei Bewegungsgeschwindigkeiten in Richtung des Menschen an, dass diese weniger als 500mm/s betragen sollten. Bei einem Vergleich mit den Geschwindigkeitsgrenzen der Norm ISO TS 15066 (Abbildung 18) lässt sich feststellen, dass bei einer Geschwindigkeit von 500mm/s der Großteil der Geschwindigkeitsgrenzen eingehalten werden können.

Nach Wohlkinger (2018) sollte sich das Bedienpersonal bei der Zusammenarbeit mit dem Roboter bei der Verwendung einer MRK Applikation wohl fühlen. Um dies zu erreichen spricht Wohlkinger (2018) ebenfalls von einer Grenzgeschwindigkeit, welche nicht überschritten werden sollte. Diese Grenzgeschwindigkeit liegt in etwa bei 700mm/s. Um den Wohlfühlfaktor zu erhöhen sind gestalterische Maßnahmen hilfreich. Hell, freundlich und weich sind die drei Schlagwörter die in diesem Kontext wichtig sind.

Thiemermann (2005) beschreibt ein Kooperationsvermögen des Menschen, welche ebenfalls das individuelle Sicherheitsempfinden des Menschen beschreibt. Er spricht von weiteren Faktoren, warum die persönlichen Grenzgeschwindigkeiten abweichen können. Das Kooperationsvermögen und somit auch die Grenzgeschwindigkeit variiert durch die persönlichen Fähigkeiten des Menschen bei der

Zusammenarbeit mit dem Roboter. Durch Übung und Erfahrung der Person steigt das individuelle Sicherheitsempfinden an. Dieses unterliegt jedoch den persönlichen Leistungs- als auch Motivationsschwankungen des Menschen.

Beifolgend spricht Arai et al. (2010) als auch Wohlkinger (2018) davon, dass der Mensch im Falle, dass der Roboter sich in seine Richtung bewegt informiert werden sollte. Abgesehen von den maximal erlaubten Geschwindigkeiten, ist im Sinne der guten Zusammenarbeit zwischen Mensch und Roboter darauf zu achten, dass bei der Planung von Montagefällen auf die psychische Belastung des Menschen geachtet wird.

7 Produktivität

7.1 Qualität

Westkämper & Warnecke (2002) geben drei allgemeine Faktoren für ein erfolgreiches Unternehmen an. Neben den zwei Aspekten Kosten und Zeit, ist auch die Qualität ausschlaggebend, wenn es darum geht, am Markt zu bestehen. Die Qualität wird in dieser Arbeit in zwei unterschiedlichen Kontexten definiert und ist auch getrennt voneinander zu betrachten. In diesem Kapitel wird die Qualität als Technologiemerkmal verstanden. Im danach folgenden Kapitel *In der industriellen Montage werden oftmals auch Bauteile assembliert, welche wegen Korrosionsgefahr nicht mit der bloßen Hand angegriffen werden sollten (Hesse & Seitz, 1996, 4). Um dies zu vermeiden kann der Einsatz eines Leichtbauroboters zielführend sein.

Ergonomie wird die Qualität im Sinne der Arbeitsqualität betrachtet.

Die Literatur bedient sich verschiedener Definitionen für Qualität. Oftmals ist es der Grad der Übereinstimmungen zwischen dem Soll (den Erwartungen und Anforderungen) und dem Ist (den erfüllten Eigenschaften). Die Norm DIN EN ISO 9000 (2015) beschreibt die Qualität als die Erfüllung von Merkmalen zur Erfüllung der Forderungen von Interessensparteien.

Der Einsatz der MRK im Zusammenhang mit der Qualität wird in dieser Arbeit anhand eines Anwendungsfalles erläutert. Der Anwendungsfall -*Verbesserung der Ergonomie im BMW Werk Landshut mittels kollaborativer Roboteranwendung bei der Qualitätssicherung von Kurbelwellengehäusen*- wurde zur Verbesserung der Ergonomie umgesetzt. Durch das gesetzte Ziel konnte jedoch auch die Qualität der Qualitätsprüfung verbessert werden. In diesem angeführten Beispiel sollte der Prozess der Qualitätssicherung automatisiert werden. Die Vollautomatisierung war in diesem Fall nicht umsetzbar, da es weiterhin bei der Qualitätsprüfung dem geschulten Blick des Menschen bedurfte. Durch den Einsatz eines Leichtbauroboters wurden die zu prüfenden Teile mittels Roboter gehoben und während der Qualitätsprüfung gehalten. Durch die ergonomische Entlastung des Menschen kann dieser achtsamer und ermüdungsfreier arbeiten.

Des Weiteren kann im Zuge der Qualität auf die Wiederholgenauigkeit der Leichtbauroboter hingewiesen werden, welche in Tabelle 1 für die derzeitigen Modelle am Markt angeführt sind.

In der industriellen Montage werden oftmals auch Bauteile assembliert, welche wegen Korrosionsgefahr nicht mit der bloßen Hand angegriffen werden sollten (Hesse & Seitz, 1996, 4). Um dies zu vermeiden kann der Einsatz eines Leichtbauroboters zielführend sein.

7.2 Ergonomie

Um eine MRK Applikation dauerhaft erfolgreich einführen zu können, muss wie im Kapitel Anforderungen an den Arbeitsplatz beschrieben, der Leichtbauroboter den Menschen unterstützen. Hierzu muss die Ergonomie am kollaborativen Arbeitsplatz für den Menschen passend sein. Das Ziel der Ergonomie ist ein qualitatives als auch wirtschaftliches Arbeitsergebnis, welches durch die Optimierung der Arbeitsbedingungen, der Arbeitsabläufe und der Optimierung der zu greifenden Gegenstände für den Menschen erschaffen werden soll. Im Kontext dieser Arbeit wird darunter verstanden, dass die menschlichen Interaktionspartner der MRK Applikation die Arbeitstätigkeiten ohne große Ermüdung, Gefährdung oder Schädigung von Leib und Wohl ausführen können. Des Weiteren soll der kollaborative Arbeitsplatz so eingerichtet sein, dass der Mensch in der Lage ist, die von ihm geforderten Tätigkeiten über Jahre hinweg durchführen zu können. Beumelburg (2005) spricht bei der Anwendung der MRK von einer fähigkeitsorientierten Aufteilung der Arbeitstätigkeiten, bei welcher der Arbeitsplatz ergonomisch gestaltet werden sollte. Die Autorin weist darauf hin, dass bei der Zuweisung von zuträglichen Arbeitstätigkeiten sowohl der Krankenstand als auch die Fluktuation gesenkt werden könne. Mit einem ergonomisch gestalteten Arbeitsplatz geht einher, dass die Freude bei der Arbeit erhöht wird und dadurch auch die Qualität der Erzeugnisse verbessert werden kann. Im Rahmen dieses Kapitels wird erläutert, wie solch ein Arbeitsplatz gestaltet werden kann und worauf im Speziellen zu achten ist. Es werden Punkte zur Thematik Ergonomie erarbeitet, welche sich im zusammenführendem Kapitel Nutzwertanalyse zur Beurteilung wiederfinden.

Grundlegend ist bei der Gestaltung eines kollaborativen Arbeitsraums darauf Acht zu geben, dass eine ausreichende Bewegungsfreiheit des Menschen durch den Roboter gegeben ist. Störungen und Einschränkungen in Bezug auf Aufmerksamkeit, Denken und Wahrnehmen dürfen durch die Verwendung eines kollaborierenden Roboters nicht entstehen. Kommt es bei einer Mensch-Roboter-Kollaboration zu einem Zusammenstoß, darf es zu keiner weiteren nichtmechanischen Belastung, wie elektrische Durchflutungen, des Menschen kommen (BGIA, 2011, 16).

Zu Beginn wird auf schwere dynamische Muskelarbeit und dessen Auswirkung auf den Menschen und seine Arbeitsleistung eingegangen. Eine häufig anfallende Tätigkeit in der Montage ist das Heben von Teilen. Hierzu kann gesagt werden, dass auf die Minimierung der zu leistenden Arbeit des Menschen geachtet werden soll. Dies rührt daher, dass die menschliche Arbeit positiv gerichtet ist. Darunter wird verstanden, dass auftretende Kräfte nicht in Energie zurückgewandelt werden können, wie es in mechanischen Systemen der Fall ist. So lässt sich durch die Verringerung der Hubhöhe von Lasten, der Energiebedarf des Menschen deutlich reduzieren (Bullinger, 1994, 420). Schulte und Laruschkat (1980) untersuchten die Einflüsse der Betriebsmittelgestaltung auf die menschliche Leistung. In dieser Untersuchung wurden drei Fälle zur Beschickung eines Durchlaufofens beleuchtet. In allen drei Fällen wird eine Depalettierung durchgeführt, um den Ofen zu beschicken. Der Horizontalabstand von den Paletten zur Ofenöffnung ist in jedem Versuchsaufbau derselbe. Der Unterschied liegt in der Höhendifferenz zwischen den Paletten und der Ofenöffnung. Im ersten und zweiten Fall liegt die Ofenöffnung auf einer Höhe von 1650 Millimeter. Die Paletten sind im ersten Fall auf 250 Millimeter und im zweiten Fall auf 550 Millimeter angebracht. Die Höhendifferenz zwischen der Ofenöffnung und den Paletten im dritten Fall ist Null und auf einer Arbeitshöhe von 950 Millimeter angebracht. Das Ergebnis im Fall Eins und Zwei war eine deutliche Minimierung der körperlichen Beanspruchung bei kleiner Erhöhung der Arbeitsleistung. Das Ergebnis der dritten Lösung ist eine weitere Senkung der körperlichen Beanspruchung bei gleichzeitiger großer Verbesserung der Arbeitsleistung. Krüger et al. (2009) weisen darauf hin, dass mehr als 30 Prozent der Arbeitnehmerinnen und Arbeitnehmer des verarbeitenden Gewerbes in Europa von Kreuzschmerzen geplagt sind. Dies trägt nicht bloß soziale, sondern auch wirtschaftliche Kosten mit sich. Aus dieser Erkenntnis heraus ist das Heben von Bauteilen, wenn möglich dem Leichtbauroboter zu überlassen, da dieser ermüdungsfrei arbeitet.

Bei der Thematik Ergonomie im Rahmen der Einsatzmöglichkeiten von MRK in der industriellen Montage wird neben der muskulären Beanspruchung auch das Arbeitsumfeld betrachtet. Bei der industriellen Montage werden unterschiedlichste Komponenten assembliert. Dies kann zur Folge haben, dass die zu assemblierenden Bauteile Temperaturen aufweisen, die für die Handhabung mit der menschlichen Hand ohne persönliche Schutzgegenstände nicht geeignet sind. Die DIN EN 563 gibt hierzu an, dass bei einer Kontaktdauer von acht Stunden und länger die Verbrennungsschwelle bei 43 Grad Celsius liegt. Unter der Verbrennungsschwelle wird jener Bereich verstanden, bei welcher es bei der Kontaktdauer gerade noch zu keiner oberflächlichen Verbrennung kommt. Ebenso ist ein Unterschreiten der Temperatur unter null Grad Celsius für den Menschen nicht erträglich. Die Bauteiltemperatur ist bei dem Einsatz der MRK zu berücksichtigen und wird in dieser Arbeit in drei Bereiche geteilt. Liegt die Temperatur unter null Grad Celsius oder über 43 Grad Celsius, so ist das Bauteilhandling mittels Leichtbauroboter zu bevorzugen.

Neben der Temperatur ist beim Handling der Hilfsstoffe, Betriebsstoffe als auch Werkstoffe darauf zu achten, dass diese keine gesundheitsschädlichen Eigenschaften aufweisen. Schmaus et al. (1988) gliedern hierzu die Hilfsstoffe, Betriebsstoffe und Werkstoffe in drei Kategorien. Bei der ersten Kategorie handelt es sich um unschädliche Stoffe, die ohne Bedenken vom Menschen angefasst werden können. Bei der zweiten Kategorie handelt es sich um Stoffe, die bei Berührung gesundheitsschädlich sind. Diese Stoffe können mittels Schutzmaßnahmen gehandhabt werden, jedoch kann die zu einer Minderung der Arbeitsleistung führen. Um Hilfsstoffe, Betriebsstoffe und Werkstoffe der Kategorie zwei handhaben zu können, kann der Einsatz von Leichtbaurobotern unter Berücksichtigung der Gefährdungsbeurteilung hilfreich sein. Bei der dritten Kategorie handelt es sich um Hilfsstoffe, Betriebsstoffe oder Werkstoffe, welche bereits durch ihre Gegenwart für den Menschen gesundheitsgefährdend sind. Dieser Fall könnte in der industriellen Montage beispielsweise bei einem Klebeprozess auftreten, welcher mit einem Kleber realisiert wird, welcher gesundheitsschädliche Dämpfe absondert. In solch einem Fall ist der Arbeitsraum des Menschen zu schützen, indem man zum Beispiel auf einen Industrieroboter, welcher in einer Zelle arbeitet, zurückgreift.

Der letzte in dem Kapitel behandelte Punkt ist die Lärmbelästigung am Arbeitsplatz. Diese Arbeit hält sich bei der Gliederung der Lärmgrenzen an die gesetzlichen Grundlagen in Österreich. Hierbei wird vorgesehen, dass bei einer Überschreitung von 80 Dezibel der Arbeitgeber dazu verpflichtet ist, Gehörschutz bereit zu stellen. Ab dem Grenzwert von 85 Dezibel, ist der Arbeitsbereich zu kennzeichnen und der Gehörschutz zu tragen. Ab einem Wert von 80 Dezibel wird von gehörgefährdendem Lärm gesprochen (Arbeiterkammer, 2018-05).

Bullinger (1994) bezieht sich auf die Arbeitsqualität bei übermäßiger Lärmeinwirkung, welche sich bei Erhöhung negativ auswirkt. Hierbei gibt er ebenfalls den Grenzwert von 85 Dezibel an. Die Lärmbelastung am Arbeitsplatz ist zu evaluieren und im Sinne der Ergonomie gering zu halten.

7.3 Akzeptanz

Die Thematik der Akzeptanz bei der MRK in der industriellen Montage wird im Zug de Expertengesprächs von den MRK-Experten als einer der Schlüssel zum Erfolg oder Misserfolg genannt. Im Kapitel 5 wurde bereits auf die Sicherheit des Menschen bei der Verwendung von Leichtbaurobotern eingegangen. Unter Sicherheit wird jedoch in diesem Sinne verstanden, dass ein verletzungsfreier Arbeitsplatz zu gestalten ist. Im Umkehrschluss bedeutet dies aber nicht, dass Sicherheit für einen angenehmen Arbeitsplatz steht. Ein für den Menschen unangenehmer Arbeitsplatz mindert die Akzeptanz des robotischen Interaktionspartners. Ein maßgeblicher Punkt zur Erlangung der Akzeptanz ist die Gestaltung eines Arbeitsplatzes unter der Berücksichtigung von ergonomischen Aspekten (siehe Kapitels Ergonomie) (Matthias, 2015, 15). Neben Matthias (2015), der einen Zusammenhang zwischen der Akzeptanz, der Sicherheit und der Ergonomie beschreibt, spricht Stojicic (2018) von der Akzeptanz als Basis für Erfolg bei einer MRK Applikation.

Um bei der Einführung einer MRK Applikation nicht zu scheitern wird in diesem Kapitel auf die Phasen der Akzeptanz in Verbindung mit MRK eingegangen. Einer der wichtigsten Faktoren bei der Umsetzung von Projekten ist der Mensch. Um einen Überblick zu geben, was bei der Veränderung eines Arbeitsplatz beim Menschen ausgelöst wird, bedient sich diese Arbeit des sieben Phasen Modell nach Fatzer (2001).

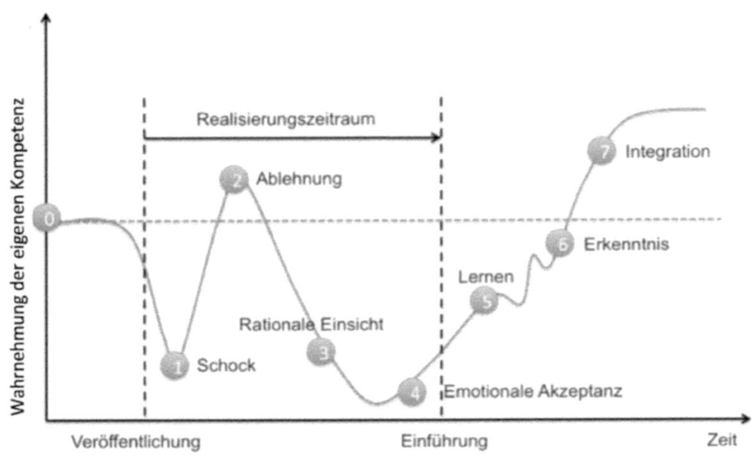

Abbildung 21: Phasen der Akzeptanz, eigene Darstellung angelehnt an Fatzer (2001)

Die Abbildung 21 zeigt die sieben Phasen der Veränderung, wobei Phase Null als die wahrgenommene Kompetenz bei Verwendung des alten Systems zu verstehen ist. Von der Veröffentlichung der Änderung bis hin zur Integration des neuen Systems durchlebt der Mensch sieben Phasen, welche anbei chronologisch beschrieben werden.

1. Der Schock ist der erste eintretende Zustand kurz nach dem Bekanntwerden der Veränderung. Die gefühlte eigene Kompetenz sinkt durch die Unsicherheit vor dem, was in Zukunft geschehen wird, stark ab.

2. Meistens kurz darauf beginnt die Phase der Ablehnung. Sie ist eine natürliche Abwehrreaktion des Menschen. Dem Menschen widerstrebt es, Veränderungen durchzuführen, wenn für ihn kein ersichtlicher Grund für die Änderung vorliegt. Mit dem Denken, dass es bist jetzt auch gut funktioniert hat, steigt die gefühlte Kompetenz temporär an.

3. In Phase drei erlangt der Mensch die rationale Einsicht. Er erkennt nach Auseinandersetzung mit der Veränderung die damit einhergehenden Möglichkeiten. Die gefühlte Kompetenz sinkt stark ab und geht in der vierten Phase auf ihren Tiefpunkt zu.

4. Erst ab der Phase der emotionalen Akzeptanz ist der Mensch bereit für Veränderungen. Hierzu muss gesagt werden, dass ein Heranführen und kompetente Hilfestellung in dieser Phase als ein Schlüsselfaktor für Erfolg oder Misserfolg beschrieben wird.

5. In dieser Phase beginnt das aktive Auseinandersetzten mit der Veränderung. Eigenständiges Lernen, Experimentieren und Schulungen führen dazu, dass die gefühlte eigene Kompetenz steigt. Wie in Abbildung 21 zu sehen ist, schwankt diese in Phase fünf. Dies ist darauf zurückzuführen, dass es beim Erlernen von Neuem Erfolgserlebnisse und Rückschläge geben kann. Wie auch in Punkt vier ist hierbei eine Anlaufstelle im Sinne von fachlicher Hilfe zu installieren.

6. Durch das Erkennen des Nutzens der Neuerung beginnt der Mensch eigenständig mit der Integration des Systems in seinen Alltag.

7. Nach dem die Vorteile erkannt wurden und der Umgang mit der Neuerung erlernt wurde, wird das System vollständig integriert und die wahrgenommen Kompetenz steigt durch eine souveräne Verwendung an.

Für den Einsatz der MRK in der industriellen Montage hinsichtlich der Akzeptanz der Mitarbeiterinnen und Mitarbeitern bedeutet dies, dass die mit dem Roboter arbeitenden Menschen so früh wie möglich in die Thematik miteinbezogen werden sollten. Intensive Schulungen, fixierte fachkundige Ansprechpartner und Rückhalt aus der oberen Führungsebene sind bei der Implementierung ebenso wichtig wie Offenheit. Es sollte über alle Fehler offen gesprochen werden und das Ziel muss klar definiert sein. Eine Kontrolle und Bewertung der Ergebnisse kann mittels Befragungen durchgeführt werden.

8 Empirie

In den vorherigen Kapiteln wurde das Thema MRK und deren Einsatzmöglichkeiten anhand von Literatur erläutert. Die Literatur diskutiert ausführlich die Herangehensweise zur Beurteilung der Sicherheit bei MRK als auch die Abgrenzung zwischen der manuellen als auch automatisierten Montage, dennoch ist die Zahl der Cobots in der industriellen Montage am Standort Österreich überschaubar. Um dieser Frage nachzugehen, wurden die Einsatzmöglichkeiten von MRK in der industriellen Montage mittel empirischer Methoden erarbeitet.

8.1 Forschungsmethoden

Die empirische Forschung unterscheidet zwischen quantitativen und qualitativen Methoden. Die unterschiedlichen Methoden haben unterschiedliche Einsatzgebiete. Im Rahmen der Sozialwissenschaften eignet sich die quantitative Forschung nur bedingt, da diese Methoden meist standardisierter sind und Handlungen oftmals nicht quantifizierbar sind. Qualitatives Forschen kann dessen Methoden, Motive und Handlungen jedoch berücksichtigen (Flick, 2007, 41f).

Das qualitative Forschen wird generell in sechs Methoden differenziert. Hierzu zählen die Feldforschung, Einzelfallanalyse, Dokumentenanalyse, Aktions- und Handlungsforschung, quantitative Experimente und auch die qualitative Evaluationsforschung (Lemnek, 2010, 201ff).

Neben dieser Einteilung wird des Weiteren zwischen Experiment, Beobachtung und Befragung unterschieden. Im Rahmen dieser Arbeit eignet sich neben dem Experiment primär die Befragung als Erhebungsform.

Eine Befragung ist dadurch gekennzeichnet, dass auf den Sachverhalt und auf die Fragestellungen spontan eingegangen werden kann. Die Auswertung der Befragung geschieht geleitet durch Regeln, dennoch ist es deutend beziehungsweise interpretativ. Kommunikation und Offenheit werden in der qualitativen Sozialforschung als essentielle Prinzipien betrachtet. So kann bei der Befragung mittels gezielten Fragestellungen an den Interviewpartner Kerninhalte aus den offenen Antworten extrapoliert werden (Flick, 2007, 268ff).

Die Vorgehensweise bei einem Leitfadeninterview gehört zu den qualitativen Forschungsmethoden. Hierbei wird ein Leitfaden für ein Interview erstellt, welches dadurch strukturiert oder teilstrukturiert wird. Bei der Erstellung eines Leitfadeninterviews ist darauf zu achten, dass dieses hörerorientiert sein sollte. Damit ist gemeint, dass die Fragestellungen erzählgenerierend wirken. Der Befragte sollte durch die gestellte Frage selbständig zu Erzählen beginnen und das Gespräch lediglich durch die Fragen geleitet werden (Flick, 2007, 268ff).

8.2 Forschungsfrage und Forschungsdesign

Im Rahmen dieser Arbeit wurde festgestellt, dass sich die Forschung mit dem Thema der MRK bereits intensiv beschäftigt und dies sich auch anhand zahlreicher Literatur widerspiegelt. Trotzdem ist der Einsatz von MRK in der industriellen Montage überschaubar. Anhand eines Experteninterviews soll erörtert werden, was die Hemmnisse zur Integration einer MRK Applikation in der industriellen Montage sind.

Aus diesem Grund heraus wurden Personen mit Expertenwissen zu dieser Thematik interviewt.

Diese besondere Form des Leitfadeninterviews wird als Experteninterview bezeichnet. Mit Hilfe solcher Experteninterviews werden zu einem speziellen Thema Fakten erhoben. Dies ist auch der Grund dafür, dass Experteninterviews in der Regel einen hohen Detailierungsgrad haben. Bei Experteninterviews wird vorausgesetzt, dass die befragten Experten zu dem jeweiligen Thema die Wahrheit erzählen. Bei dieser Form der Interviews gelten ebenso die Prinzipien der Offenheit und Kommunikation. Der Dialog sollte von selbst entstehen, wobei der Interviewer die Richtung anhand eines Leitfadens gestaltet und bei relevanten Themen gezielt nachfragen kann (Helfferich, 2011, 162).

Im Rahmen eines Praktikums des Autors konnten Interviewpartner gewonnen werden, welche Experten im Gebiet der MRK und deren Einsatz sind. Die Interviews wurden allesamt persönlich durchgeführt und deren Protokollierung sinngemäß für diese Arbeit zusammengefasst. Die Einsatzmöglichkeiten als auch Barrieren, die zur Umsetzung von MRK Applikationen überwunden werden müssen, wurden hierbei erörtert.

8.3 Leitfaden des Interviews

Um einen Vergleich zwischen Theorie und Praxis anstellen zu können, ist es notwendig, dass bestimmte Informationen aus dem Interview hervorgehen. Sichergestellt wird dies durch einen Interviewleitfaden. Da die Experten in keinem wissenschaftlichen Umfeld agieren und ihre Expertisen auch nicht in solch einem Umfeld Anwendung finden, werden deshalb allgemeine Forschungsfragen in konkrete Fragen für das Interview formuliert. Dies soll vor Missverständnissen durch unterschiedliche Begrifflichkeiten vorbeugen. Bei einem Experteninterview ist des Weiteren darauf zu achten, dass die Reaktionen der Interviewpartner erkannt werden und in einem für die Forschung relevanten Kontext übersetzt werden. Hieraus sollen Fragen formuliert werden, welche derallumfassenden Behandlung des Themas dienen (Laudel, 2010, 112).

Daraus können optional, zum im Vorhinein ausgearbeiteten Interviewleitfragen, Fragen entstehen.

Diese Arbeit bedient sich der Auswertung nach Mayring (2010). Hierbei wird ein Experteninterview schrittweise und regelgeleitet ausgewertet. Es wird ein übersichtliches Porträt des Forschungsgegenstandes mittels Reduktion und Abstraktion des Grundmateriales auf den Kerninhalt erzeugt. Diese Art der Interpretation wird als Zusammenfassung angeführt. Bei der Reduktion des Inhalts werden vier Stufen beschrieben. Abhängig vom Inhalt und dessen Schwierigkeit können diese vier Grundstufen optional um Unterschritte ergänzt werden. Anbei werden die angeführten Stufen beschrieben. Als Erstes ist eine Paraphrasierung vorzunehmen. Hierbei werden die für den Inhalt nicht relevanten Textteile herausgestrichen. Die zweite Stufe ist die Generalisierung auf das Abstraktionsniveau. Darunter wird verstanden, dass die ursprüngliche Botschaft mittels einer Generalisierung neu formuliert wird und in einer abstrakten Darstellung beschrieben wird. Danach erfolgen die zwei Reduktionen. Die erste Reduktion wird dazu verwendet um Inhalte mit der gleichen Bedeutung als auch Aussagen zu streichen, welche nicht inhaltstragend sind. Bei der zweiten Reduktion wir Inhalt mit ähnlicher Aussage und Paraphrasen mit verwandter Aussage zusammengefast. Des Weiteren dürfen in der vierten Stufe Paraphrasen mit zahlreichen Aussagen zu einem Gegenstand als auch Paraphrasen zu einem Gegenstand mit anderwärtigen Aussagen zusammengefasst werden (Mayring, 2010, 69f). In der vierten Phase werden Widersprüche der Experten herausgearbeitet und aufgezeigt.

8.4 Interviewleitfaden

Wie kann der Einsatz von MRK in der industriellen Montage Montageprozesse verändern und dadurch Verbesserungen erzielt werden?

- Mit welchen Herausforderungen sind die Menschen, die mit Robotern kollaborieren konfrontiert?
- Ist eine normgerechte Umsetzung einer MRK Applikation mit dem derzeitigen Stand der Technik möglich?
- Wie viel Eigenverantwortung kann man dem Menschen bei einer Mensch-Roboter-Kollaboration zusprechen und wo befinden sich die Grenzen?
- Wie und mit wem kollaboriert der Roboter in zehn Jahren?

Folgend werden die Experteninterviews angeführt.

Stojicic (2018) spricht von einem Umdenken bei der Konzeptionierung von Montageplätzen durch die MRK. Bei der Verwendung von Industrierobotik kann anhand von vorhandenen Erfahrungswerten der Roboter vergleichsweise zur MRK schnell umgesetzt werden. Durch die geplanten Prozesse sind beispielsweise Greifer und die zu verwendende Sicherheitstechnik bei Industrierobotern vordefiniert. Durch das Wegfallen der Schutzzäune bei der MRK ergeben sich jedoch neue Möglichkeiten, die Prozesse zu gestallten. Dies hat zur Folge, dass auch die zu verwendende Sicherheitstechnik zu überarbeiten ist.

Halbauer (2018) weist darauf hin, dass durch das Wegfallen des Schutzzaunes und durch das räumliche Zusammenrücken von Mensch und Roboter Fläche eingespart werden kann. Darüber hinaus wird ein Eingreifen des Menschen bei den Tätigkeiten des Roboters möglich. Oftmals wird der Roboter als Ersatz des Menschen angesehen. Die Anwendungsfälle zeigen jedoch, dass der Mensch im Mittelpunkt steht und der Roboter als Werkzeug zum Bewältigen von monotonen, ermüdenden oder ergonomisch anspruchsvollen Aufgaben herangezogen wird. Durch die steigenden Qualitätsanforderungen des Markts und durch den Fachkräftemangel in Österreich wird durch die Verwendung der MRK versucht, einfache Tätigkeiten dem Roboter zu übergeben um Fachpersonal für anspruchsvolle Tätigkeiten freispielen zu können. Mit dem Einsatz der MRK in der industriellen Montage können Arbeitsplätzte, welche körperlich fordernd sind, ergonomisch gestaltet werden.

Ergänzend verweist Stojicic (2018) bei der Anwendung der MRK in der industriellen Montage auf die Erhöhung der Flexibilität und auf die Skalierbarkeit der Montage. Bei den Einsatzgebieten der MRK werden Beispiele mit schwankenden Losgrößen bis hin zur Losgröße Eins genannt. Neben der schwankenden Losgröße sind die schwankende Ausbringungsmenge und kurze Produktlebenszyklen Kriterien für die Wahl einer MRK Applikation. Nischenmärkte der Automatisierung wie die Elektronikindustrie und Lebensmittelindustrie, können dadurch automatisiert werden. Zusätzlich wird ein neuer Markt für die Automatisierung mit der MRK erschlossen, durch geringe Einstandspreise und einfache Programmierung ist die MRK auch für KMUs interessant und kann als Einstieg in die Automatisierung dienen. Jedoch sollte die MRK als Teil der Robotik angesehen werden und nicht als Ersatz der Industrieroboter.

Bei den Herausforderungen für die Menschen, die mit Robotern kollaborieren, divergieren die Meinungen der Experten. Wohlkinger (2018) erwähnt hierzu, dass die Herausforderungen bereits von dem Robotertechniker oder der Robotertechnikerin zu lösen sind, so dass das Bedienpersonal einen sicheren und ergonomischen Arbeitsplatz vorfindet.

Verglichen dazu sprechen Halbauer & Stojicic (2018) davon, dass ein Umdenken der Menschen stattfinden muss. Der Mensch muss lernen mit einem nicht umzäunten Roboter um zu gehen.

Halbauer (2018) spricht von verschiedensten Herangehensweisen, um den Menschen an die neue Technologie zu gewöhnen. Zum Beispiel kann man den Roboter bei taktzeitunkritischen Tätigkeiten mitwirken lassen. Dies ist deshalb wichtig, da die Produktivität des Roboters in der Anfangszeit schlecht ausfallen wird. Es wird damit begründet, dass Anfangs die Menschen den Roboter testen und Kollisionen erzwingen. Nach dieser Testphase wird der Roboter vom Menschen akzeptiert. Die Akzeptanz des Menschen ist von absoluter Wichtigkeit. Neben der Akzeptanz muss auch auf die Ängste des Menschen acht gelegt werden.

Halbauer et al (2018) weisen darauf hin, dass sich das Bedienpersonal bei der Zusammenarbeit mit dem Roboter bei der Verwendung einer MRK Applikation wohl fühlen sollte. Um dies zu erreichen spricht Wohlkinger (2018) von zwei Punkten, die zu berücksichtigen sind. Einerseits die Akzeptanz des Menschen und andererseits gibt es eine Grenzgeschwindigkeit, welche nicht überschritten werden sollte. Diese Grenzgeschwindigkeit liegt in etwa bei 700 mm/s. Um den Wohlfühlfaktor zu erhöhen, sind gestalterische Maßnahmen hilfreich. Hell, freundlich und weich sind die drei Schlagwörter, die in diesem Kontext wichtig sind. Des Weiteren sollte der Mensch wissen was der Roboter macht. Im Falle des Airskinns wird dies mittels einer LED-Statusanzeige umgesetzt. Zur Erhöhung der Akzeptanz hat ein System einfach und verständlich aufgebaut zu sein. Hersteller wie Alumotion aus Italien verwenden einen Ring mit LEDs am Roboter, der durch leuchten anzeigt, ob er eine Aktion durchführt oder abgeschlossen hat. Dadurch wird dem Menschen angezeigt, was die Absichten des Roboters sind. Ein anderes System mit demselben Ziel wird bei rethink robotics angewendet. Dieses System projiziert auf einen montierten Monitor Augen, die dorthin zeigen, wo der Roboter greifen wird.

Zur Thematik Akzeptanz ergänzt Stojicic (2018), dass diese von Mensch zu Mensch variiert. Die MRK wird bei manchen Menschen als Unterstützung und Erleichterung im Job betrachtet. Jedoch wird der Roboter auch oft als Gefährdung angesehen, da die Menschen ihn als jene Einrichtung betrachten, die ihnen den Arbeitsplatz wegnimmt. Sabotage und Boykott sind dann die Herausforderungen, welchen man sich zu stellen hat. Zur Gewinnung der Akzeptanz ist ein frühes Miteinbeziehen der beteiligten Menschen von großer Wichtigkeit. Der Leichtbauroboter soll hierbei als zusätzliches Werkzeug präsentiert werden, welches dazu eingesetzt wird, um die Tätigkeit für den Menschen zu erleichtern. Ebenso wichtig ist die Wertschätzung des Mitarbeiters oder Mitarbeiterin. Bei der MRK steht der Mensch zwar im Vordergrund, jedoch wird der Mensch durch die MRK vom Bediener oder der Bedienerin zu einem Teil des Gesamtprozesses. Durch das engere Zusammenrücken zwischen Mensch und Roboter werden dem Menschen neue Aufgaben zuteil wie beispielsweise das Nachteachen bei einer Positionsabweichung.

Die normgerechte Umsetzung einer MRK Applikation mit dem derzeitigen Stand der Technik ist laut Experten Hallbauer, Stojicic und Wohlkinger durchaus möglich, jedoch verweisen sie auf mögliche Einschränkungen.

MRK Applikationen mit schweren Robotern und kurzen Taktzeiten, die mit hohen Geschwindigkeiten erreicht werden, normgerecht umzusetzen, ist laut Stojicic & Wohlkinger (2018) schwierig. In diesen Fällen werden die Grenzen der Normen schnell erreicht. Bei der derzeitigen raschen Entwicklung von Technologien, wie es bei der MRK der Fall ist, ist es nach Hallbauer & Wohlkinger vorherbestimmt, dass die Norm sich noch weiterentwickeln wird.

Hallbauer (2018) verweist bei der normgerechten Umsetzung einer MRK Applikation auf die damit verbunden Investitionen. Dass eine MRK Applikation durch den Wegfall des Schutzzaunes und Sicherheitsscannern kostengünstiger als ein Industrieroboter in einer Zelle sei, ist meist eine Chimäre. Die Risikoanalyse, das mechanische, elektronische und sicherheitstechnische Engineering, als auch die Abnahme bei der MKR ist meist weit aufwendiger als bei einem Industrieroboter. Außerdem ist der kollaborierende Roboter an sich vergleichsweise teuer. Als normgerechte Anwendungsfälle werden Schraubfälle als auch Klebevorgänge genannt, welche sich sicherheitstechnisch auf höchstem Niveau befinden.

Stojicic (2018) spricht bei der normgerechten Umsetzung von der derzeitigen Normlage. Die Normenlage für MRK baut auf die Normen für Industrieroboter auf, in welcher auf MRK verwiesen wird und welche durch ein technische Spezifikation (ISO TS 15066) erweitert worden ist. Die Normenlage lässt viel Raum für Interpretationen. Bei der Auslegung der Norm wird seitens des Systemintegrators auf ein Maximum der Sicherheit geachtet, was eine Umsetzung schwierig gestaltet. Dies hat zu Folge, dass kollaborierende Arbeitsplätze sehr selten sind. Hinzu zu fügen ist, dass es hierbei starke Unterschiede zwischen verschiedenen Ländern gibt. Bei normgerechter Umsetzung tritt oft der Fall ein, dass die Taktzeit durch den Einsatz der MRK verlängert wird und oft wird auch die Benutzerfreundlichkeit negativ beeinflusst. Dies ist darauf zurückzuführen, dass zusätzliche Systeme eingesetzt werden, um die Anforderungen der Normen erfüllen zu können. Der Einsatz der Koexistenz und Kooperation stellen kein Problem mit der heutigen Normenlage dar. Die Kollaboration ist jedoch meist noch schwierig umzusetzen.

Stojicic (2018) verweist auf die Normen und Maschinenrichtlinie die darauf abzielen, dem Menschen so wenig wie möglich Eigenverantwortung zuzuteilen. Als große Problematik ist das vorhersehbare Fehlverhalten des Menschen zu sehen. Aus der Sicht des Systemintegrators müssen alle Maßnahmen getroffen werden, damit der Mensch vor den Gefährdungen des Prozesses geschützt ist. Wird der Mitarbeiter jedoch in seiner Eigenverantwortung zu sehr begrenzt, so kann sich dies negativ auf die Produktivität des Systems auswirken. Bei zu starker Fokussierung auf den Schutz des Menschen kann der Prozess durch die Erhöhung der Taktzeit unwirtschaftlich werden. Unter der Berücksichtigung des vorhersehbaren Fehlverhaltens und des akzeptablen Restrisikos, kann jener Punkt bestimmt werden, wo dem Menschen Eigenverantwortung zugeteilt werden kann. Ab dem Zeitpunkt wo ein akzeptables Restrisiko vorliegt, kann man Eigenverantwortung des Menschen annehmen.

Im Vergleich dazu spricht Wohlkinger (2018) hinsichtlich der Übertragung von Eigenverantwortung, dass von einem Extremfall ausgegangen werden sollte. Somit kann dem Bedienpersonal keine Eigenverantwortung zugesprochen werden. Der Systemintegrator ist laut Wohlkinger (2018) für die Sicherheit in vollem Ausmaß verantwortlich. Widersprüchlich dazu definiert Stojicic (2018) eine Grenze der Eigenverantwortung. Mit der Verwendung von persönlicher Schutzausrüstung und unter der Annahme, dass der Mensch den Roboter bedient wie vorgesehen, ist somit eine Grenze zur Eigenverantwortung definiert. Vor dieser Grenze hat der Systemintegrator für die Sicherheit des Menschen zu sorgen. Des Weiteren sind Schulungen des Bedienpersonals vorzunehmen, jedoch nur um das akzeptable Restrisiko abzudecken. Laut Halbauer & Wohlkinger (2018) sollte bei geschultem Personal davon ausgegangen werden, dass dieses beim Einsatz von MRK nicht fahrlässig handelt. Ein gewisses Maß an Eigenverantwortung wird laut allen Experten bestehen bleiben. Mutmaßliche Fehlanwendungen des Bedienpersonals liegen in der Eigenverantwortung des Menschen.

Laut Halbauer (2018) wird versucht die drei Schlagwörter Mobilität, Flexibilität und MRK miteinander zu vernetzten. Selbstfahrende MRK Systeme werden nach Halbauer & Stojicic (2018) dazu beitragen, dass starr verkettete Anlagensysteme in den nächsten Jahren rückläufig werden. Die Kommunikation wird sich dahingehend ändern, dass vermehrt Roboter mit Roboter kommunizieren. Stojicic (2018) ergänzt, dass sich nicht nur die Kommunikation zwischen Roboter und Roboter ändern wird, sondern auch die Kommunikation zwischen Roboter und Fabriksumgebung. Unter der Fabriksumgebung sind andere Maschinen und Leitsysteme zu verstehen.

Die Kommunikation zwischen Mensch und Roboter wird sich laut Wohlkinger & Stojicic (2018) dahingehend verändern, dass mehr auf die Bedienfreundlichkeit der Systeme achtgelegt wird. Der Mensch wird zur Bedienung des Roboters dienen und nicht mehr zur Programmierung. Dies soll durch einfache und intuitive Systeme geschehen.

Halbauer &Wohlkinger (2018) sind sich einig, dass durch die hohe Nachfrage auf internationaler Ebene die Einstandspreise für MRK sinken werden. Wohlkinger (2018) ergänzt, dass durch die sinkenden Einstandspreise die kollaborierenden Roboter auch im alltäglichen Leben Tätigkeiten übernehmen wie etwa das Tanken von Fahrzeugen.

Wohlkinger (2018) geht davon aus, dass es in Zukunft schrittweise dahin gehen wird, dass keine Schutzzäune mehr für Roboter benötigt werden. Dies wird durch verschiedenste Technologien am Markt ermöglicht werden. Einer der ersten Schritte wird sein, dass schwerere Roboter mit dem Menschen kollaborieren. Das Kollaborieren mit Robotern, welche eine hohe Eigenmasse aufweisen, sieht jedoch Halbauer (2018) auch in Zukunft sehr kritisch. Die beiden Experten Wohlkinger & Halbauer sind sich jedoch einig, dass sich durch neue Technologien die Einsatzmöglichkeiten der MRK verändern werden. Wohlkinger (2018) verweist auf die Aufgaben, die dem Roboter zuteilwerden. Die MRK geht weg von einfachen Aufgaben, hin zu komplexeren Einsatzaufgaben. Die Automatisierung der komplexeren Aufgaben wird mittels künstlicher Intelligenz gelingen. Eines der größten Hindernisse für komplexe Aufgaben ist der Manipulator des Roboters. Derzeit gibt es keinen Greifer, der annähernd so komplexe Aufgaben lösen kann wie die menschliche Hand. Eine Grenze beim Einsatz der Roboter wird dort sein, wo übermäßig viel Feingefühl und Erfahrung benötigt wird und dies nicht in einem Algorithmus abgebildet werden kann.

Abschließend geht Halbauer (2018) davon aus, dass die starre Automatisierung durch die MRK nie komplett ersetzt werden wird, jedoch aber denkbar ist, dass die MRK die starre Automatisierung unterstützen wird.

9 Nutzwertanalyse

Die Nutzwertanalyse (kurz: NWA) ist ein qualitatives Verfahren zur Entscheidungsfindung. In der Literatur wird sie auch als Punktwertverfahren oder Punktbewertungsverfahren bezeichnet. Die in den englischsprachigen Literaturen auch als Scoring Modell bezeichnete Nutzwertanalyse ist eine Methode, um bei komplexen Problemstellungen bei der rationalen Entscheidungsfindung eine Stütze zu bieten. Zangemeister (1976) beschreibt den Einsatzort der NWA überall dort, wo eine Beurteilung unter Berücksichtigung mehrerer qualitativer als auch quantitativer Kriterien durchgeführt werden soll. Er spricht von einer multidimensionalen Bewertung. Die NWA ist dadurch charakterisiert, dass es mehrere Alternativen gibt, welche zu analysieren sind. Diese analysierten Alternativen sind im Rahmen der Nutzwertanalyse entsprechend der Präferenz in Bezug auf das Zielsystems zuzuteilen. Die Nutzwertanalyse wurde zur Bewertung in dieser Arbeit herangezogen, da sie eine direkte Vergleichbarkeit zwischen einzelnen Alternativen ermöglicht.

Für die Erstellung einer NWA ist eine Gewichtung der möglichen Auswahlkriterien durchzuführen. Die Gewichtung der Auswahlkriterien gibt die Wichtigkeit der einzelnen Auswahlkriterien an und ist subjektiv zu wählen. Homann (2005) beschreibt zur Erstellung einer NWA vier Teilschritte, welche im nachfolgenden Teil erläutert werden.

Zuerst erfolgt eine Vorplanung, hierbei wird eine Problemdefinition erstellt. Die Vorplanung beinhaltet die Suche von Alternativen, die gewählt werden können. Zu Beginn wird das zu behandelnde Problemfeld analysiert und Daten zur Problemstellung gesammelt. Daraus wird eine Problemstellung abgeleitet, welche in prägnanter Form zu formulieren ist.

Problemdefinition:

„Auswahl eines Montagesystems zur Erfüllung der Anforderungen an den Montageplatz."

Die hierbei gewählten Alternativen wurden in der Arbeit als relevante Alternativen zur Problemlösung detektiert.

- Alternative 1: Manuelle Montage
- Alternative 2: MRK
- Alternative 3: Industrieroboter

Als zweiten Punkt beschreibt Homann (2005) die Festlegung der Zielkriterien. Das Ergebnis der NWA sollte eine Reihung der Alternativen nach dem Nutzwert sein. Um dies erreichen zu können, sind Kriterien zu wählen, welche die Vorteilhaftigkeit der Alternativen ermittelt. In dieser Arbeit werden die bereits angeführten Kriterien zur Bewertung herangezogen. Sie wurden mittels Literaturarbeit und Expertengesprächen als wichtige Faktoren für die Verwendung einer MRK Applikation erarbeitet.

- Akzeptanz
- Effizienz
- Ergonomie
- Qualität
- Wirtschaftlichkeit

Um die Wertigkeit dieser Kriterien unterscheiden zu können, werden die Alternativen gewichtet. Die Summe der gewichteten Kriterien ergeben 100 Prozent. Bei spezifischen Anwendungen können des Weiteren Muss-Kriterien oder Unter- und/oder Obergrenzen festgelegt werden. Die Gewichtung der Kriterien in dieser Arbeit wurde mit Hilfe der Experteninterviews und der verwendeten Literatur erarbeitet und in alphabetischer Reichenfolge angeführt. Die Gewichtung der Kriterien ist als Richtwert zu sehen.

- Akzeptanz   15%
- Effizienz   20%
- Ergonomie   20%
- Qualität   15%
- Wirtschaftlichkeit 30%

Zum Erreichen eines höheren Detaillierungsgrades wurden, wie in Tabelle 8 ersichtlich, einige dieser Kriterien in Untergruppen unterteilt.

Der dritte Schritt beinhaltet die Bewertung der NWA anhand der definierten Kriterien. Zur Bewertung können laut Jung (2007) im Regelfall folgende Messskalen herangezogen werden.

- Nominalskala für Ja/Nein Entscheidungen
- Ordinalskala für Entscheidungen ob „sehr gut", „gut" usw.
- Kardinalskala für die dimensionslose Bewertung mittels Punktemaßstab (Beispiel: 0 entspricht keiner Zielerfüllung, 10 entspricht einer sehr guten Zielerfüllung)

Dadurch wird es möglich, Kriterien mit unterschiedlichen Einheiten zu vergleichen. In dieser Arbeit wurde die Bewertung mittels Kardinalskala gewählt. Wie bereits in dem angeführten Beispiel gezeigt, sind null Punkte bei keiner Zielerfüllung und zehn Punkte bei sehr guter Zielerfüllung zu wählen.

Im vierten Schritt nach Homann (2005) werden die Teilnutzwerte und Nutzwerte ermittelt. Dies geschieht, in dem die vergebenen Punkte mit den gewichteten Kriterien multipliziert werden. Dadurch erhält man für jede Alternative pro Kriterium einen Teilnutzwert. Im Anschluss werden die Teilnutzwerte der einzelnen Alternativen addiert und der Gesamtnutzwert der Alternativen errechnet.

Durch den Vergleich der Gesamtnutzwerte der Alternativen kann eine Reihung vorgenommen werden. Jene Alternative, welche die höchste Punktezahl aufweist, entspricht jener Alternative, welche die höchste Zielerfüllung erreicht hat. In der unten angeführten NWA ist die Reihung mittels Farbe gekennzeichnet. Diese NWA dient der Veranschaulichung des Systems und beinhaltet keine projektbezogene Bewertung. Um die NWA leichter lesbar zu machen, kann eine Farbskala angewendet werden. Die Farbskala kann beispielsweise dem Ampelsystem nachempfunden werden und reiht die Nutzwerte der einzelnen Alternativen (manuelle Montage, MRK, Industrieroboter) nach ihrer Zielerfüllung in grün, orange und rot, wobei die Alternativen mit dem größten Nutzwert grün dargestellt werden. Anzumerken ist jedoch, dass eine Entscheidung auf Basis der Zahlen vorzunehmen ist. Zusätzlich können auch die Bewertungen der Alternativen farblich gekennzeichnet werden. Ebenso sollte bei der Verwendung einer NWA darauf geachtet werden, dass die Eingabefelder definiert sind. Diese in dem angeführten Beispiel hellblau gekennzeichnet und nicht mit einem Zellenschutz belegt.

Nutzwertanalyse

Projekt: **MRK**

Bewerter:

Kriterien	% gesamt	% Untergruppe	manuelle Montage		MRK		Industrieroboter	
			Bewertung	Teilnutzwert	Bewertung	Teilnutzwert	Bewertung	Teilnutzwert
1. Akzeptanz								
System Akzeptanz		100						
Teilnutzwert Akzeptanz	15	100						
2. Effizienz								
Verlustzeitreduktion		50						
Personaleinsparnis		50						
Teilnutzwert Effizienz	20	100						
3. Ergonomie								
Bauteilgewicht		20						
Bauteiltemperatur		20						
Umgebungslärm		20						
Hebevorgänge		20						
gefährliche Stoffe		20						
Teilnutzwert Ergonomie	20	100						
4. Qualität								
Ermüdung/ Achtsamkeit		40						
Wiederholgenauigkeit		60						
Teilnutzwert Qualität	15	100						
5. Wirtschaftlichkeit								
Wirtschaftlichkeit des Systems		100						
Teilnutzwert Wirtschaftlichkeit	30	100						
Summe	100							

Tabelle 8: Nutzwertanalyse, eigene Darstellung

Legende zu Tabelle 8:

Bei der Bewertung ist eine Kardinalskala anzuwenden. Diese hat folgendes abgeschlossene

Intervall:

$$[0,10] := \{x \in \mathbb{N} \mid 0 \leq x \leq 10\}$$

Als Referenz zur Bewertung sind folgende Punkte zu beachten:

10   vollste Zielerfüllung

5   zufriedenstellende Zielerfüllung

0   keine Zielerfüllung

Ein kritisch zu hinterfragender Punkt bei der Verwendung einer Nutzwertanalyse ist die Subjektivität bei der Beurteilung und bei der Zielgewichtung. Positive als auch negative Erfahrungen oder private als auch geschäftliche Interessen sind Beispiele, wie das Ergebnis eine NWA verfälscht werden können. Eine Minderung der subjektiven Einflüsse bei der Beurteilung kann durch das Bewerten in der Gruppe erreicht werden. Des Weiteren kann an Objektivität gewonnen werden, wenn das Festlegen der Kriterien, derer Gewichtung und derer Beurteilung, von verschiedenen Personen durchgeführt wird. Hartel (2009) empfiehlt das zeitliche Trennen zwischen der Festlegung der Kriterien, derer Gewichtung und deren Bewertung.

10 Fazit und Ausblick

10.1 Fazit

Die Kundenorientierung spiegelt sich im Zuwachs der Produktvarianten wieder und zur Erfüllung der Kundenbedürfnisse ist das Einhalten von Lieferzeiten notwendig. Bei der Abarbeitung des Produktvolumens kommt es somit vermehrt zu Produktwechsel. Bei starrer Automatisierung ist dies durch die entstehenden Wechselkosten bei einem Produktwechsel gegebenenfalls nicht wirtschaftlich. Die manuelle Montage ist jedoch in ihrer Ausbringungsmenge begrenzt. Die Mensch-Roboter-Kollaboration eröffnet neue Möglichkeiten in der industriellen Montage. Mit einem dadurch entstehenden hybriden Montagesystem können die Vorteile der manuellen Montage und die der starren Automatisierung vereint werden. Die Automatisierung kann zu einer Produktivitätserhöhung in der Montage führen und zugleich geringe Schwankungen in der Produktqualität verursachen.

Um eine Applikation in der industriellen Montage MRK fähig zu machen, sind mehrere Faktoren zu berücksichtigen. Durch das Wegfallen des Schutzzaunes zwischen Mensch und Roboter rückt der Arbeitsraum von Mensch und Roboter zusammen. Die Frage der Sicherheit des Menschen steht hierbei im Vordergrund. Bei der Betrachtung der Lösungsansätze zur Sicherheit des Menschen wird ersichtlich, dass dies durch die Grenzgeschwindigkeiten Auswirkungen auf die Taktzeit und somit auf die Wirtschaftlichkeit von MRK Systemen haben kann. Neben der wirtschaftlichen Betrachtung ist das Fähigkeitenprofil der Interaktionspartner miteinzubeziehen. Die fähigkeitenorientierte Aufgabenverteilung zwischen Menschen und Roboter ist wichtig, um den Menschen bei Tätigkeiten zu entlasten und seine als auch die Vorteile des Roboters voll ausnutzen zu können. Bei der Zusammenarbeit zwischen Mensch und Leichtbauroter ist neben der normgerechten Umsetzung des Arbeitsplatzes auf die Ergonomie zu achten. Ein weiteres Augenmerk ist bei der Implementierung einer MRK Applikation auf die Akzeptanz zu legen.

Die derzeitigen Leichtbauroboter, welche eine Traglast von bis zu etwa 15 Kilogramm aufweisen, sind in ihren industriellen Anwendungsfällen beschränkt. Das effektive Gewicht bei einer Kollision zwischen Mensch und Roboter, die Kontaktfläche und Geschwindigkeit des Roboters haben sich in dieser Arbeit zu grundlegenden Faktoren für den Einsatz von Leichtbauroboter herauskristallisiert. Technologien wie AIRSKINN sind deshalb Wegbreiter für neue Einsatzmöglichkeiten der Leichtbauroboter.

Bei der Entscheidung, ob die MRK in der industriellen Montage eingesetzt werden soll oder nicht, fallen somit viele Faktoren an, die zu berücksichtigen sind. Bei der Bewertung unter der Berücksichtigung von mehreren qualitativen als auch quantitativen Kriterien wird in dieser Arbeit von einer multidimensionalen Bewertung gesprochen. Um die MRK mit Alternativen (manuelle Montage, Industrieroboter) vergleichen zu können wurde in dieser Arbeit eine Nutzwertanalyse erstellt.

10.2 Ausblick

Die während dieser Arbeit aus der Literatur und Experteninterviews gewonnenen Erkenntnisse über die Mensch-Roboter-Kollaboration und dessen Einsatz in der industriellen Montage lassen darauf schließen, dass sich das Einsatzgebiet der Leichtbauroboter als auch der Einsatzort ausweiten wird. Zusätzlich drängt sich die Frage auf, wie die Kollaboration in Zukunft aussehen wird. Mit wem oder was die Leichtbauroboter kollaborieren werden und wie sich dadurch starr verkette Prozesse ändern werden, sind Fragen, die noch zu klären sind.

Literaturverzeichnis

Monographien, Bücher und Sammelbände

Bullinger, H. Ergonomie. Produkt- und Arbeitsplatzgestaltung. Springer Vieweg. 1994.

Faltzer, G. Lernende Organisation und dialog als Grundkonzept der Personalentwicklung. Hohergehren. Schnieder Verlag 2001.

Flick, U. Qualitative Sozialforschung. Eine Einführung. Rororo Rowohlts Enzyklopädie. Reinbek bei Hamburg. Rowohlt Taschenbuch Verlag. 2007.

Hartl, D., H. Consulting und Projektmanagement in Industrieunternehmen. Praxisleitfaden mit Fallstudien. Oldenbourg. De Gruyter. 2009.

Helfferich, C. Die Qualität qualitativer Daten. 4. Auflage. Wiesbaden. Springer. 2011.

Herlyn, W. Bedarfsermittlung, Montage- und Abrufsteuerung von variantenreichen Erzeugnissen am Beispiel des Moduls Cockpit. In: Logistik Management in der Automobilindustrie. Springer Vieweg. 2004.

Hesse, S. & Seitz, G. Robotik. Grundwissen für die berufliche Bildung. Vieweg. 1996.

Homann, K. Kommunales Rechnungswesen, Buchführung, Kostenrechnung und Wirtschaftlichkeitsrechnung. 6. Auflage. Wiesbaden. Gabler Verlag. 2005.

Jodlbauer, H. Digitale Transformation der Wertschöpfungskette. Dietach. Kohlhammer. 2017.

Lemnek, S. Qualitative Sozialforschung. Lehrbuch. 5. Überarbeitet Auflage. Weinheim. Beltz. 2010.

Lotter, B., Wiendahl. H. Montage in der industriellen Produktion. Ein Handbuch für die Praxis. 2. Auflage. Oberderdingen & Garbsen. Springer Vieweg. 2002.

Mayring, P. Qualitative Inhaltsanalyse – Grundlage und Techniken. 11. Auflage. Wien. Beltz. 2010.

Schulte, B. & Laruschkat, H. Handbuch technischer Arbeitshilfen. Schriftenreihe Humanisierung des Arbeitslebens. Düsseldorf. VDI-Verlag. 1980.

Fachartikel und Journale

Bauer, W., Bender, M., Braun, M., Ralley, P., & Scholtz, O. Leichtbauroboter in der manuellen Montage – einfach einfach anfangen. Fraunhofer-Institut für Arbeitswissenschaft und Organistation IAO. 2016.

Beumelburg, K. Fähigkeitsorientierte Montageablaufplanung in der direkten Mesch-Roboter-Kooperation. Univ. Diss-Stuttgart. 2005. IPA-IAO-Forschung und Praxis 413. Heimsheim. 2005.

BGIA – Institut für Arbeitsschutz der deutschen gesetzlichen Unfallversicherung. BG/BGIA-Empfehlung für die Gefährdungsminderung nach Maschinenrichtlinie. Gestaltung von Arbeitsplätzen mit kollaborierenden Robotern. 2011.

DIN EN 563:2000. Temperaturen berührbarer Oberflächen. Ergonomische Daten zur Festlegung von Temperaturgrenzwerten für heiße Oberflächen. 2000-01.

DIN EN ISO 10218-2:2011. Industrieroboter. Sicherheitsanforderungen. Teil 2: Robotersysteme und Integration. Beuth Verlag GmbH. Berlin. 2012-06.

DIN ISO/TS 15066:2016. Roboter und Robotikgeräte –Kollaborierende Roboter. Beuth Verlag GmbH. Berlin. 2017-04.

DIN EN ISO 9000:2015. Qualitätsmanagementsysteme - Grundlagen und Begriffe. Beuth Verlag GmbH. Berlin. 2015-11.

Doll, N. Aufmarsch der Roboter. Welt am Sonntag. S. 1-3. 2015.

Ehrenmann, M., Lütticke, T., Dillmann, R. Dynamic Gestures as an Input Device for Directing a Mobile Platform. International Conference on Robotics and Automation (ICRA). Seoul. Korea, S. 21–26. 2001

Fast-Berglund, A., Palmkvist, F., Nyqvist, P., Ekered, S., & Åkermana, M. Evaluating Cobots For Final Assembly, 175-180. 2016.

Fogliatto, F., S., Da Silveira, G., J., C., & Borenstein, D. The mass customization decade. An updated review of the literature. International Journal of Production Economics 138(1), S.14-25. 2012.

Heilala, J., & Voho, P. Modular reconfigurable flexible final assembly systems. In: Assembly Automation, vol. 21, pp. 20-30, 2001.

Jodlbauer, H. Customer driven production planning. International Journal of Production Economics 111. S. 793-801. 2008.

Kosuge, K., & Hirata, Y. Human-Robot Interaction. In: Robotics and Biomimetics, 2004. ROBIO 2004. IEEE International Conference on. S. 8-11. 2004.

Krüger, J., Lien, T.K. &Verl, A. Cooperation of human and machines in assembly lines. In: CIRP Annals – Manufacturing Technology. 58. S. 628-645. 2009.

Matthias, B., & Ding, H. Die Zukunft der Mensch-Roboter-Kollaboration in der industriellen Montage. Internationales Forum Mechatronik. 2013.

Matthias, B., Oberer-Treitz, S., Staab, H., Schuller, E., & Peldschus, S. Injury Risk Quantification for Industrial Robots in Collaborative Operation with Humans. In: Neumann, K., Schraft, R., D., & Berns, K. International Federation of Robotics. Joint International Conference of ISR/Robotik2010, München, 07.06.– 09.06.2010. Berlin. VDE-Verlag. p. 171–176. 2010.

Matthias, B. Sicherheit, Akzeptanz und Produktivität bei der Mensch-Roboter-Zusammenarbeit . Mensch-Roboter-Zusammenarbeit - Gestaltung sicherer, gesunder und wettbewerbsfähiger Arbeit. BAuA. Dortmund. 2015.

Mensch-Roboter-Kollaboration (MRK) als Basis für Industrie 4.0. FAUDE Automatisierungstechnik GmbH. 2016.

Thiemermann. S. Direkte Mensch-Roboter-Kooperationin der Kleinteilemontage mit einem SCARA-Roboter. Univ. Diss-Stuttgart. 2005. IPA-IAO-Forschung und Praxis 411. Heimsheim. 2005.

Weber, M., A. Mensch-Roboter-Kollaboration. Ifaa Institut für angewandte Arbeitswissenschaft. 2017.

Westkämper, E., Spingler, J., Beumelburg, K. Skill Oriented Planning Of Semi Automated Assembly Systems. In: Preprints of the Proceedings 8th Symposium on Automated Systems Based on Human Skill and Knowledge. Göteborg. S. 22-24. 2003.

Westkämper, E. & Warnecke, H. Einführung in die Fertigungstechnik.5. überarbeitete und aktualisierte Auflage. Stuttgart, Leipzig, Wiesbaden: Teubner, 2002.

Wiendahl, H., P., ElMaraghy, H., A., Nyhuis, P., Zäh, M., F., Wiendahl, H., H., & Duffie, N. Changeable Manufacturing - Classification, Design and Operation. In: CIRP Annals - Manufacturing Technology. 56. S. 783-809. 2007.

Zangemeister, C. Nutzwertanalyse in der Systemtechnik. Eine Methodik zur multidimensionalen Bewertung und Auswahl von Projektalternativen. Diss. Techn. Univ. Berlin. 4. Aufl. München. Wittemann. 1970.

Artikel aus dem Web

ABB. YuMi. Online im WWW unter URL: http://www.new.abb.com/products/robotics/de/yumi. (Zugriff am: 23.2.2018).

Arbeiterkammer. Lärmschutz im Betrieb. Online im WWW unter URL: https://www.arbeiterkammer.at/beratung/arbeitundgesundheit/Gesundi mBetrieb/Laermschutz_im_Betrieb.html. (Zugriff am: 30.4.2018).

Automationspraxis. Qualitätsprüfung von schweren Kurbelwellengehäusen. MRK bei BMW: Roboter verbessert Ergonomie. Online im WWW unter URL: https://automationspraxis.industrie.de/branchenloesungen/automotive-aerospace/mrk-bei-bmw-roboter-verbessert-ergonomie/. (Zugriff am: 25.5.2018).

Blue Danube Robotics. Airskin. Online im WWW unter URL: http://www.bluedanuberobotics.com. (Zugriff am: 14.4.2018).

BOSCH. APAS assistant. Online im WWW unter URL: http://www.bosch-apas.com/de/apas/produkte/assistant/apas_assistant_3.html. (Zugriff am: 20.2.2018).

Fanuc. Fanuc CR-35iA. Online im WWW unter URL: https://www.fanuc.eu/at/de/roboter/roboterfilter-seite/kollaborierende-roboter. (Zugriff am: 30.1.2018).

FRANKA EMIKA. Panda. Online im WWW unter URL: https://www.franka.de/panda. (Zugriff am: 11.2.2018).

KUKA. LBR iiwa. Online im WWW unter URL: http://www.kuka-robotics.com/austria/de/products/industrial_robots/sensitiv/. (Zugriff am: 30.1.2018).

Rethink Robotics. Sawyer. Online im WWW unter URL: http://www.rethinkrobotics-.com/sawyer-intera-3/. (Zugriff am: 2.2.2018).

Standish Group. Chaos Report. Online im WWW unter URL: https://www.infoq.com/articles/standish-chaos-2015. (Zugriff am: 11.4.2018).

Stäubli. TX2. Online im WWW unter URL: https://www.staubli.com/de/robotics/automatica-2018/mrk/. (Zugriff am: 2.2.2018).

Yaskawa. Yaskawa HC10. Online im WWW unter URL: https://www.yaskawa.eu.com/de/produkte/robotertechnik/motoman-roboter/produktdetail/product/hc10/. (Zugriff am: 4.2.2018).

Persönliche Gesprächsprotokolle

Halbauer, D. Account Manager. KUKA Roboter CEE GmbH. persönliches Gespräch. Steyr. eigenes Gesprächsprotokoll. 23.5.2018.

Stojicic, D. Geschäftsbereich Robots & Applications Robots Austria. ABB AG. persönliches Telefonat. Steyr. eigenes Gesprächsprotokoll. 23.5.2018.

Wohlkinger, W. CEO. Blue Danube Robotics. persönliches Telefonat. Steyr. eigenes Gesprächsprotokoll. 23.5.2018.